项目化学习：聚焦学生核心素养培育

——初中语文写作教学研究

青海省初中语文张晓慧名师工作室　编

青海人民出版社

图书在版编目（CIP）数据

项目化学习 ：聚焦学生核心素养培育：初中语文写作教学研究 / 青海省初中语文张晓慧名师工作室编 . -- 西宁 ：青海人民出版社，2023.11

ISBN 978-7-225-06518-2

Ⅰ .①项…Ⅱ. ①青…Ⅲ. ①作文课—教学研究—初中 Ⅳ . ① G633.342

中国国家版本馆 CIP 数据核字（ 2023 ）第 053083 号

项目化学习 ： 聚焦学生核心素养培育

——初中语文写作教学研究

青海省初中语文张晓慧名师工作室　编

出 版 人	樊原成	
出版发行	青海人民出版社有限责任公司	
	西宁市五四西路 71 号　邮政编码：810023　电话：（0971）6143426（总编室）	
发行热线	（0971）6143516/6137730	
网　　址	http：//www.qhrmcbs.com	
印　　刷	青海雅丰彩色印刷有限责任公司	
经　　销	新华书店	
开　　本	787mm×1092mm　1/16	
印　　张	11.5	
字　　数	200 千	
版　　次	2023 年 11 月第 1 版　2023 年 11 月第 1 次印刷	
书　　号	ISBN 978-7-225-06518-2	
定　　价	40.00 元	

编委会

前　言

　　长期以来，作文教学普遍低效，通常情况下的写作课，都是老师们在讲台上滔滔不绝地讲评，学生们在座位上糊里糊涂地发呆。语文教师尝试用各种办法进行写作教学，学生也反反复复练习，但教学效果仍不理想，写作教学的困境始终未能真正突破。"双减"政策的颁布，需要我们寻找既能减轻学生学习负担，又能提高学习效率的教学方式，就是要将以往教师讲授为中心的传统课堂转变为以学生学习为中心的新型课堂，用项目化学习法来进行写作教学，既可提高教学效果，又减轻学生学习负担。

　　项目化学习是以完成真实的任务为目标，要求学生从被动的接受者转向积极的探索者，围绕一个个富有挑战性的主题，整合学科内甚至是跨学科的学习内容，在解决问题中实现学用合一的一种教学法。

　　项目化学习的特征为：一、教师通过真实的、有意义的、连贯的项目设置，促进学生对知识内容深入而全面的理解；二、学生是学习的主体，突出了学生学习过程中的主体地位。项目化学习中教师的角色是组织者、引导者和合作者，鼓励学生树立勇挑重担的信心，开阔他们的视野，并在必要时给予指导。学生在自主、合作、探究的学习过程中，解决问题，完成学习目标，在学习中培养学生积极主动、团结协作、不断探索的精神。

　　项目化学习围绕驱动问题，将写作教学目标分解成一个个任务，再按这些任务进行教学。项目的设计考虑到单元阅读和写作目标，以及综合性学习、口语交际教学，还要考虑学生学段特点和认知能力等因素。科学合理的项目设计，激发学生的写作兴趣，让学生体验写作知识形成的过程。学生的写作不再是课堂上单调的写，而是可以走出封闭的课堂，在更加广阔的平台上学习写作知识。这样的写作教学加强了生活和写作的联系，将学生的被动学习转变为主动学习，培养学生解决问题的能力，提高写作教学的有效性。基于项目化学习下的写作教学与传统写作教学相比有以下变化。

一、教学方法的变革

传统写作教学以讲练为主，教师主讲，学生被动接受，因缺少体验与感受，也就无从下笔，因此写作在许多学生眼中是个大难题。项目化学习下的写作教学，学生学习作文的途径，不再是单一的教师写作方法的传授，教师将一堂作文课的核心写作知识转化为驱动问题，围绕驱动问题设计不同的学习阶段或者环节，指导学生围绕阶段任务开展语文实践活动，体会写作知识形成的过程。学生在一段时间内通过对真实且有挑战性的问题进行持续探究，达到对核心知识的再建构和思维迁移。

在写作教学中，学生不仅是完成一篇作文，还要完成写作学习任务，即课前素材的收集与积累、生活的观察与感悟、阅读和写作、收获与心得等等。教师要指导学生通过独立或小组合作，寻找解决问题的方法或途径，完成写作，修改完善，形成成果，最后进行成果展示和评价。

在写作教学过程中，教师不但关注学生的知识和技能掌握情况，还关注学生学习的过程、方法以及情感态度，真正由知识的传授者转变为学生学习的组织者、促进者，形成了平等、和谐的师生关系。

二、学习方式的变革

项目化学习是聚焦学生体验与表达的学习。通过项目活动激活生命的潜能、活力和意义，这才是学习的真正意义。在写作教学中学生根据教师设定的项目任务，进行探究式学习，加深对写作知识的理解。合作学习是项目化学习的一大特点，有师生合作、生生合作、家校合作等方式。在小组合作学习的过程中，学生搜集和处理信息的能力、获取新知识的能力、分析和解决问题的能力、交流合作的能力、口头表达的能力以及交际的能力都得到锻炼。学生主动参与、积极合作、转变以往的学习方式，探索创新，建立知识间的联系。对比传统的作文教学，项目化学习提高了学生学习的参与度，以及学习、思考的能力。

在学习过程中，学生是学习的主人，学生的写作兴趣和写作能力得到了有效培养。项目化学习让学习空间变得更宽广，让学习视野变得更开阔，让学习氛围变得更浓厚，让写作更贴近生活。每一次写作都力求让学生有物可写、有话可说，从根本上解决学生写作难的问题。

三、重视成果的公开

项目化学习中产生的学习成果是丰富多样的，学生完成项目任务，达到写作能力的训练并产生可见的成果，如观察日记、调查报告、访谈记录、阅读心得、讨论记录、写作知识思维导图、学生习作集、微作文等，成果可以是视频、音频、图片、文字，等等。作文的修改、完善、公开展示的过程是学习的重要组成部分，在这一过程中形成的东西也是成果，如修改建议、修改稿、反思、评价表等。成果交流和分享的方式也是灵活多样，晒、赛、展、评均可。这样写作教学更完善、更有趣，学生的写作训练更全面、更扎实、更有效。在写作教学中运用成果公开的方式，让学生们获得成就感，主要的目的是促进学生在学习过程中的主动参与，只有这样学生才可以在写作实践过程中获得更好的学习体验与锻炼，实现写作教学的有效性。

四、强化素养导向的多元评价

传统写作教学评价，教师的评价占据主要地位，教师的评语与分数，往往是作文评价结果中最常见的方式。项目化学习下的写作教学评价采用多元评价的方式，突出教学评价的鉴定、导向、激励、诊断、管理等功能。在评价中充分尊重学生的主体地位，激发学生的写作兴趣，关注学生在兴趣、能力和学习基础等方面的个体差异。

项目化学习评价角度多元，不只是评价获取了多少知识，还要评价学习过程中解决问题、团队协作、交流沟通等能力，通过评价，了解学生的个性特点、学习态度和学习能力。

评价方式多元，既有过程性评价，也有终结性评价。采用自评、互评、师评、家长评、任课教师评价、活动参与者评价等方式。自评能够帮助学生认识到自身学习的优劣之处；互评能够帮助学生汲他人之所长，补自身之不足；师评重在知识传授、方法指导和激励。多元评价方式对于促进学生的学习有很大的帮助，能提高学生写作的热情和修改作文、完善作文的积极性。评价时通过课堂观察、对话交流、小组合作、阅读与写作、学习反思等方式，收集和整理学生写作学习的过程性表现，如学生读书、习作、讨论、成果汇报及展示等方面的材料，记录学生核心素养发展的典型表现，考察其内在学习品质的发展。

2022 年版义务教育语文课程标准聚焦学科核心素养，鼓励开展跨学科学习，以项目化学习为代表的探究式、跨学科、综合化、体验式学习方式将成为主流。我们将顺势而为，在教学实践中积极变革和创新，攻坚克难，探索项目化学习下的写作教学有效策略，为学生终身可持续发展奠基。

张晓慧

2022 年 10 月

目　录

理论篇

项目化学习开辟语文学习新天地……………………………………张晓慧 3

项目化学习在初中语文写作教学中的应用策略……………………郭　惠 7

项目化学习模式在初中语文教学实践中的应用……………………申玉瑜 11

项目化学习下小组合作学习策略初探………………………………张璐璐 14

项目化学习在初中语文写作教学中的作用及策略思考……………赵　蕾 18

项目式学习在初中语文教学中的实施路径…………………………岑礼霞 21

项目化学习方式教学浅尝……………………………………………焦　俐 24

项目化学习在八年级语文作文教学中的应用………………………孙雅婧 28

走近鲁迅

　　——PBL 教学法在初中语文阅读教学中的应用案例…………韩忠萍 32

浅谈初中语文写作课堂项目化学习设计

　　——以人物写作学习设计为例………………………………程晓林 35

如何运用项目化学习提高初中语文名著阅读的有效性……………徐　丽 39

项目化学习方法在培养学生核心素养上的行动路径

　　——以语文综合性单元教学实践为例………………………黄　剑 43

实践篇

岁月如歌，欢歌笑语话成长

　　九年级下册第三单元综合性学习《岁月如歌》项目化学习教学设计

　　···黄　剑 51

强国有我，争做中华好儿郎

　　九年级上册第二单元综合性学习《君子自强不息 》项目化学习教学设计

　　···徐　丽 57

一颦一笑，举手投足见精神

　　七年级下册第一单元《写出人物的精神》项目化学习教学设计·········程晓林 64

走进经典，且行且思撷菁华

　　八年级下册第三单元《学写读后感》项目化学习教学设计·············孙雅婧 71

精雕细琢，写出人物精气神

　　七年级下册第一单元《写出人物精神》项目化学习教学设计············韩忠萍 77

畅游山水，湖光潋滟山色奇

　　八年级下册第五单元《学写游记》项目化学习教学设计·············张永芳 85

记言述行，巧思妙用书真情

　　七年级上册第二单元《学会记事》、

　　第四单元《思路要清晰》项目化学习教学设计·······························赵　蕾 94

醉美四季，一枝一叶总关情

　　七年级上册第一单元《四时之美》散文创作项目化学习教学设计

　　···岑礼霞 103

戏剧天地，尺寸舞台秀风采

　　九年级下册第五单元活动探究项目化学习教学设计···················黄　颖 113

魅力家乡，饱览身边的文化遗产

　　八年级《说明事物要抓住特征》《说明的顺序》项目化学习教学设计

　　··焦　俐 124

别样人生，平凡之人亦精彩

　　八年级上册第二单元《学写传记》项目化学习教学设计 ···················丁秀红 132

不负韶华，我是超级演说家

　　八年级下册第四单元项目化学习教学设计 ·································郭　惠 139

美妙邂逅，穿越时光的相逢

　　七年级上册第六单元《发挥联想和想象》项目化学习教学设计 ·······申玉瑜 149

诗意人生，点点诗韵沁我心

　　九年级上册第一单元《尝试诗歌创作》项目化学习教学设计 ···········张璐璐 157

关注运动，我是小小新闻人

　　八年级上册第一单元项目化学习教学设计 ·····························张晓慧 165

理 论 篇

项目化学习开辟语文学习新天地

语文学科项目化学习是在真实或模拟的语境中，精心设计项目学习任务，整合相关课程资源，通过综合、开放、自主的语文实践活动，获得学习成果，建构学习经验，提高语文关键能力，形成语文核心素养的教学方法。

一、构建任务序列，让项目化学习更具层次性

项目化学习的任务设定，不仅要有逻辑性，还要有层次性，任务与任务之间前后要互相联系，彼此贯通。如九年级下册第五单元是戏剧的活动探究单元，该单元有三个学习任务，分别是阅读与思考、准备与排练、演出与评议。在实践中，围绕《戏曲天地，尺寸舞台展风采》项目化学习主题，构建了"有的放矢做准备、团队竞赛学常识、追根寻源说故事、戏文妙词共赏析、啜英咀华齐传承、方寸舞台秀风采、粉墨登场共表演、美美与共示成果"八个项目任务，八个任务之间具有层次性，对学生的思维和能力培养呈现了由低阶到高阶的过程。在项目化学习中以任务为导向，以活动为载体，为学生构建一个综合、开放的语文实践活动平台。环环相扣的任务活动，层层递进的项目活动序列，使学生对相关知识的理解和能力的培养呈现螺旋上升的趋势。

二、跨学科学习，让项目化学习更具综合性

跨学科是项目化学习的一个重要特点，跨学科学习是一种深度的探究学习活动，也是新课标的一个学习任务群，该任务群旨在引导学生在语文实践活动中，联结课堂内外、学校内外，拓宽语文学习和运用领域；在综合运用多学科知识发现问题、分析问题、解决问题的过程中，注重学科知识的有机融合，提高语言文字运用能力，培养学生的语文核心素养。

如在《戏曲天地，尺寸舞台展风采》项目化学习中，学生们查找资料，学习与戏剧相关的基本知识；学习绘制京剧脸谱和学唱戏曲唱段；录制视频，借助自媒体进行展示；欣赏中外优秀剧本选段；创作剧本，尝试戏剧演出。在该项目化学习中，融合了美术、音乐、信息技术学科的知识。学生们通过跨学科学习，了解戏剧文学的特点，欣赏戏曲之美，感受戏曲的魅力，培养了听、说、读、写能力。

再如学习九年级上册第一单元现代诗歌时，围绕项目化学习主题《诗意人生，点点诗韵沁我心》，设计了知识学习、诗词配画、深情诵读、写作实践等任务。教师引导学生积累现代诗歌的学习方法，将诗歌阅读与写作联结，依托公众号进行推介。在项目化学习中，融合美术和信息技术学科知识，提升学生的学习兴趣，训练必备的语文能力。跨学科学习，旨在促进学生知识与知识、知识与生活的融合，让学生在探究中发展高阶思维，探索利用信息技术解决问题的过程和方法，使学习更具综合性，促进学生审美和人文素养的提升。

三、情景创设，让项目化学习更有实践性

2022 年《义务教育语文课程标准》颁布，在课程理念中指出要增强课程实施的情境性和实践性，创设丰富多样的学习情境，设计富有挑战性的学习任务，激发学生的好奇心、想象力、求知欲，学生自主、合作、探究学习，促进了学习方式的变革。项目化学习让学生在真实的情境中去解决问题，在解决问题的过程中培育核心素养，这与课程标准的理念是完全吻合的。例如，在八年级下册第二单元"说明的顺序"写作教学时，以"相约故乡，饱览身边的文化遗产"为学习主题，教师设计的五个任务，创设了不同的学习情境。

任务 1：成立项目小组：明确分工和职责，让学生有归属感、责任感，感受到团队的力量和温暖。

任务 2：整合提炼："说明事物要抓住特征、说明的顺序"分别是八年级上册第五单元、八年级下册第二单元的写作教学。教师引导学生提炼"说明事物的过程中抓住事物特征的方法"和"选择合理的说明顺序介绍事物"的方法。第一个知识，学生在八年级第一学期已经学过，该情境创设的目的是让学生探索新知识与已有知识之间的关联。

任务 3：调查撰写：通过书籍、网络搜索了解青海地区文化遗产，形成调查报告；以小组为单位交流讨论，确定推介的内容；查找并挖掘历史、艺术特色等内容，根据所选的推介内容，运用说明文写作的方法撰写"魅力家乡"推介文案。学生在知识建构的过程中，通过头脑风暴、思维碰撞，形成成果。在老师的帮助下，小组成员对成果进行反思、修改、完善、优化。

任务4：展示规划：小组合作策划"魅力家乡"推介会流程、展示项目、展示形式、主题音乐，设计发布邀请函、布置展位展台等创设情境。教师引导学生全身心地参与活动，促使学生思维的发展和能力的提升。

任务5：展示成果：主办"魅力家乡"推介会。通过手工作品展示、民歌演唱、名胜古迹导游词、魅力家乡小视频、美术作品展、手工书、手绘地图、纪念品发售等形式，展示项目成果。举办项目化学习成果展，让学生拥有仪式感和成就感。

在项目化学习中，创设能激发学生主动参与的情境，增强语文学习与生活的联系，激发学生的学习兴趣，发挥学生的主观能动性，培养学生掌握和运用知识的态度和能力，凸显了语文学科的实践性。

四、多元评价，让项目化学习更有发展性

项目化学习与传统教学的一个重要区别在于学习评价。在项目化学习中，将过程性评价和终结性评价、个人评价和小组评价、自我评价和他人评价进行了很好结合。

评价内容多元。评价内容覆盖学生在项目学习中的方方面面，包括信息的获取与整合、知识的获得、小组合作情况、语言表达、成果展示等方面。如九年级上册第一单元《诗意人生，点点诗韵沁我心》写作教学时，设计了诗歌学习、诗配画、朗诵和写作的评价。

评价主体多元。项目化学习评价主体可以是老师或者家长、任课教师等，也可以是同伴或者学习者自己。教师评价学生知识的掌握和运用，学习能力和品质等，学生可评价自身以及同伴的合作和学习状况，任课教师可以评价跨学科知识的运用，家长可以评价学生的综合表现。

评价方式多元。在项目化学习中，过程性评价贯穿学习的全过程，还综合使用多种评价方式。过程性评价重点考察学生在学习过程中表现出来的学习态度、参与程度；终结性评价重点评价成果、学生能力素养的发展水平。如八年级上册新闻单元的活动探究教学，在《关注运动，我是小小新闻人》项目化学习主题中，设计了新闻采访表现评价表、新闻小报评价表、最佳新闻评价表、最佳编辑评价表、最佳摄影评价表。项目化学习评价，重视评价的导向作用，关注学生的个体差异，以促进学生核心素养发展为目的。

在项目化学习中，采用多元评价的方式，力求让每一位学生的个性都获得充分的发展。这也是《基础教育课程改革纲要（试行）》的基本精神。

《中共中央国务院关于深化教育教学改革全面提高义务教育质量的意见》在强化课堂主阵地作用，切实提高课堂教学质量部分指出，要优化教学方式，探索基于学科的课程综合化教学，开展研究型、项目化、合作式学习。语文项目化学习以学生为主体，以学生现有的语文知识水平为基础，培养学生的语文核心素养，使学生的潜能得到进一步释放和发挥。它开辟了语文学习的新天地，为语文课程改革提供了一种新的教学思路，是落实国家教育教学改革意见的有效举措。

（张晓慧　青海省西宁市第一中学）

参考文献：

[1] 中华人民共和国教育部制定. 义务教育语文课程标准（2022年版）[M]. 北京：北京师范大学出版社，2022.

[2] 中共中央，国务院. 中共中央国务院关于深化教育教学改革全面提高义务教育质量的意见 [N]. 光明日报，2019-07-09（01）.

项目化学习在初中语文
写作教学中的应用策略

　　语文学习强调听、说、读、写，尤其是当前的初中语文教材，写作占据了"半壁江山"，学生在写作的同时，也是审视自己、审美创造、认识世界的创造性过程。而就初中语文写作教学的现状来看，教师教学方式单一，学生缺乏写作兴趣，评价标准存在局限性。将写作教学与项目化学习进行有机的结合，成了初中语文写作教学的重要突破点。

一、项目化学习概述

　　项目化学习以学生为中心，围绕一个问题创设情境，引导学生在解决问题过程中认知知识，掌握问题解决办法，从实践中获取知识，并深刻理解，迁移至新的情境中。项目化学习具备核心知识再建构，提出驱动性问题，以高阶知识带动低阶知识等特征。在语文写作教学中，项目化学习最突出的特点在于体现学生的主体性地位。学生在真实情境中发现问题、解决问题，透过问题的情境看到问题的本质，在实际问题的探究和解决中，调动学生的学习积极性，感受到学习的意义。学生作为学习的主体，通过完成项目主题，把知识、生活和实践有机结合，激发参与兴趣，提高了理论水平和写作能力。学生通过彼此之间的交流，在获取知识的同时，促进学生之间的团结，以及写作能力与审美能力的提升。

二、项目化学习在初中语文写作教学中的基本内容

　　为了在初中语文写作教学中，更好地融入项目化学习理论，可以将教学内容分成四个主要部分：确定项目任务，制定实施计划，项目实施过程，展示成果与学习评价。下面以语文教材八年级下册演讲单元为例，分析项目化学习在写作教学的基本设计内容。

确定项目任务：诚信自古以来就是我们中华民族的传统美德，也是社会主义核心价值观之一。在现代社会，诚信是公民的第二张身份证。作名一名新时代的好少年，更要做到诚实待人，诚信做事。请围绕"诚信"这一话题，学会用演讲形式来表达自己的观点和感受，进行一次成功的演讲。

制定实施计划：教师组织学生成立项目学习小组，将全班学生分成若干组，每组由不同学习层次的四至六名学生组成，自拟组名，例如"梦翼组""橙帆组"等，有助于增强团队合作意识。组内选出一名组长负责组织协调，每个小组自由安排组员的分工，比如演讲员、撰稿员、信息记录员、材料搜集员，等等，合作制定项目实施计划。

项目实施过程：以语文教材八年级下册第四单元活动任务为核心，通过学习演讲词、撰写演讲稿和举办演讲比赛等活动，形成一个带有活动性、综合性和交际性的自主学习体系。教师依据项目学习任务，让学生在限定的时间内依据项目实施计划，合作完成交流、讨论、资料搜集、演讲稿撰写，形成学习成果。

展示成果与学习评价：项目实施之后，小组成员展示成果。师生合作制定评价量表，根据完成情况进行相应的学习评价，可进行自评、组评，也可以开展小组互评和教师评价的方式，评价学习效果，给予评价反馈，评选出"学习智慧星""写作小达人""超级演说家"等奖项。

三、项目化学习在初中语文写作教学中的应用策略

（一）重视合作分工

目前的写作教学大多遵循着一种方式：写前指导——学生写作——教师批改——教师讲评。这种教学方式缺乏写作主体意识，是封闭型的，学生没有自主权，久而久之，难免出现厌倦、抵触的情绪。为此，在实际写作教学活动中引入项目化学习，以新颖的方式吸引更多学生的积极参与。教师可以将不同学习层次的学生兼顾在一个小组，也可尝试将性格相似、兴趣相投的学生分至同一个组中，便于互相帮助，互相学习。在分组学习的过程中，由项目组长组织协调，自由分工，引导学生积极参与学习，以促进学生写作的主动性，为初中语文写作教学注入新的活力。

（二）采取读写结合

阅读和写作是初中语文教学的重点和难点，两者紧密相连、不可分割。在项目化学习过程中，可采取读写结合的方式，以促进学生语文综合能力的提高。比如，学习八年级下册演讲这一单元时，教师开展项目化学习，将演讲本身作为学习对象，以演讲的方式学习演讲。让学生明确阅读是基础，写作是关键，演讲比赛是检验阅读和写作的重要窗口，从而提高学生对演讲的认识。

首先，教师让学生比较阅读八年级下册第四单元的四篇课文：《最后一次讲演》《应有格物致知精神》《我一生的重要抉择》《庆祝奥林匹克运动复兴25周年》，分析四位演讲者是如何围绕观点来安排思路，组织内容的。比较阅读这四篇演讲词，不仅能够加深对单篇课文的理解，更能够由单篇课文扩展到一组课文，通过对比，把握演讲词的特征。归纳完演讲词的特点后，教师可以给学生提供一些课外的演讲词阅读材料，引导学生围绕演讲的特征撰写演讲稿。最后，根据学生的探究结果展示成果，各小组分享学习感悟。

（三）注重教学评价

在整个项目化写作教学活动中要贯穿教学评价，设计评价表，注重评价主体的多元和互动，以及多种评价方式的综合运用。在整个过程中，学生参与制定评价标准的过程中，势必要梳理自己学过的内容，无形中就安排了一次简要的复习。采取自我评价、小组评价、教师评价等多种评价方法交互进行，使得每个学生都参与到学习评价过程，将课堂评价变成学生了解学习状况，提高学习效果的自我反思和自我提高过程。

综上所述，项目化学习的开展，为初中语文写作教学的改革提供了全新的发展动力，也为学生语文学科核心素养的形成打下了坚实的基础，同时项目化学习开展的成效对初中语文课堂教学效果起到了决定性的作用。

（郭惠　青海省西宁市第七中学）

参考文献：

[1] 张悦颖，夏雪梅 .PBL 跨学科的项目化学习："4+1" 课程实践手册 [M]. 教

育科学出版社，2021.

[2] 宋佳凤. 项目化学习在部编初文写作教学中的实践——以八上第三单元《学习描写景物》为例 [J]. 环球慈善，2021(6):3.

[3] 林玲. 写作教学开展项目化学习实践研究——以统编初中语文教材八年级下册第五单元"学写游记"为例 [J]. 语文教学通讯, 2022(26):4.

项目化学习模式在初中语文
教学实践中的应用

初中语文教学过程中，项目化学习模式的应用出现了不同类型的困境，诸如学习目标模糊、学习单元规划效果欠佳、学习过程规范程度偏低等。作为新时期的初中语文教师，有必要根据初中语文教材内容以及项目化学习模式落实过程中遇到的实践问题，引导学生修正，从而更加有效地发挥项目化学习模式的价值。

一、项目化学习中的学习开发与重组

作为初中语文教师，在运用项目化学习模式时，有必要精简传统教学内容，节约出的时间引导学生展开自主学习与小组合作活动，促使学生主动思考问题，积极参与实践探究以及创新性学习活动等。

项目化学习当中的开发与重组过程如下：首先创建出生动的教学情境，其次明确驱动型问题，组织学生进行探究和互动，在此基础上明确主题探究活动，最后组织开展知识应用实践活动。比如，教师在为学生讲述《壶口瀑布》时，可以运用项目化学习模式对教学内容进行开发与重组。首先，教师运用多媒体技术创设出与壶口瀑布相关的教学情境，对学生的注意力进行吸引。之后，创设出探究性的项目，例如文章所讲述的首次到壶口看黄河是在雨季，作者听到与看到的内容分别是什么，语言表达特征有哪些？教师引导学生们对课文进行阅读，并运用小组探究以及查询资料的方式对上述问题予以解答，同时做出简单的总结，明确文中所运用的比喻与拟人的写作手法，来映射出壶口瀑布的磅礴气势[1]。在此基础上，教师组织学生开展主题阅读探究活动，将徐迟的《黄山记》、王充闾的《读三峡》等引入其中，引导学生们展开对比阅读活动，感知文章选材、构思与语言表达等各个方面存在的差异与相同点，从而对课文形成更加深刻的理解。

二、项目化学习中要规范学习过程

作为初中语文教师，需要对学生学习知识的过程进行规范，学习过程涵盖着学习项目的确定、学习计划的制定、实践探究活动、目标评价、展示交流等。首先，明确学习项目是指结合课程内容与语文教学目标，教师明确需要学习的问题以及学习的任务，为学生们提供自由选择的空间，使得学生可以自由组建合作学习小组。其次，对学习计划进行制定，这一步骤由学生自主开展，学生可以在小组内对学习任务进行分配、明确探究步骤等，教师需要进行适当的指导。在此基础上展开实践探究活动，引导学生结合计划步骤，运用网络以及查阅书籍的方式对资料进行收集，同时筛选与处理相关信息。最后，进行评价和展示活动，此环节由师生共同合作完成，形式是多样化的。经过长期的学习活动规范，学生可以形成优良的学习语文知识的习惯，提升语文核心素养。

三、项目化学习中要融入跨学科学习

在项目化学习模式当中，跨学科学习是关键的内容，需要结合探究主题内容，对不同学科的知识进行融合，在查阅相关资料、进行实地调研活动的基础之上展开探究活动，进而有效地掌握相关知识内容。在进行初中语文项目化学习活动时，需要引入跨学科学习的思想，对学生的自主探究、课外阅读等综合能力水平进行提升，促使学生有效整合不同学科的知识，更好地运用所学习的知识解决实践问题，为语文综合素养水平的提升奠基。

比如，教师在为学生们讲述《大自然的语言》时，教学的主要目标是让学生了解并掌握说明文基本特征，对文中优美语言与准确有效的文本描述方法进行学习，了解气候对农业生产活动产生的重要影响，可以对全文内容进行概括，引导学生形成人与自然和谐相处的思想以及理念，强化学生对大自然的热爱。结合教学目标，教师可以创建出以"气候学与农业生产"为主题的探究学习活动项目，引导学生结合本文内容，使用地理、生物以及历史等不同学科的知识进行探究活动，同时结合探究结果制作学习报告。教师可以引导学生对比分析二十四节气与农业生产活动，提出思考性问题：为什么它们与华北和黄淮地区的气候特点最为适应？从而引导学生们进行针对性的探究活动。在活动结束后，教师可以对读写结合的写作项目进行创设，要求学生结合课文内容以及跨学科知识展开写作活动，运用对自然景观与自然想象进行描述的方式对探究结果进行表述。

在进行初中语文教学活动时，教师需要意识到项目化学习模式落实的意义与价值，同时根据实践问题，对学习内容进行开发与重组、规范学习过程、落实跨学科学习策略等，从而强化项目化学习模式的实践效果，为初中生语文知识学习能力的强化奠基。

（申玉瑜　西宁市青藏铁路花园学校）

参考文献：

［1］王宁．项目化学习：基于核心素养的语文课堂转型［J］.语文教学通讯，2018（33）.

［2］陈琳．前置操作：项目化学习的必要程序与保障［J］.语文教学通讯，2017（31）.

项目化学习下小组合作学习策略初探

项目化学习要求培养学生的自主学习意识，以知识为基础，采用一些科学的研究理论及创新实践的学习方法，促进学生积极主动参与学习、消化知识的新型教学实践方式。小组合作学习是项目化学习的重要方式，小组根据教师安排的任务，明确责任分工，自主探究，合作交流，群策群力，在整个学习过程中取长补短、团结合作，最终完成学习任务。

一、强化小组合作理念

项目化学习下的小组合作学习指的是学生个体在参加团队项目的学习实践中，为了能够完成一些共同负责的项目任务，与其他小组成员分工作业的合作互助性学习方式。

（一）合作互助

项目学习小组所有成员不仅要对自己承担的合作任务负责，还要对其他小组成员所承担的任务负责，及时提出意见，提供必要的帮助。

（二）互动学习

项目学习小组一般集中在课堂进行开展，要求小组成员开展面对面互动式的交流，可以相互讨论学习，提出疑问，及时解决，共同进步。

（三）竞争意识

除了合作，小组成员之间也会根据评价量表，进行个人和小组的考核，以此来促进个人和小组学习效率的提升。

二、合理组建项目小组

(一)制定分配原则

组建项目学习小组前,教师要先通过观察、调查、检测、问卷等有效方式全面了解小组学生情况。可以根据项目的具体任务按照学生学号随机抽取,或者根据兴趣爱好、性格特征、知识基础、能力水平和性别进行分工。可根据班级人数确定4—8组,每组6—10人为宜。这种组合模式有助于学生项目计划的按时完成,有利于促进组内各个成员及时有效沟通合作和学习交流,及时解决疑难问题,促进学生参与项目学习的积极主动性和学习主观能动性的发展。

(二)明确成员角色

小组合作学习项目要顺利有序开展并取得活动成效,成员组之间必须明确各自应当承担的实际工作任务,各司其职,在项目实施中有效合作。分配工作任务时应该尽可能依照个人的性格特长而明确具体职责。组织领导能力强的优秀学生可以担任组长,负责协调团队成员之间的关系,解决交流合作及学习实践中遇到的问题;动手能力强的学生可以利用校图书馆、网络平台等公共信息渠道广泛搜集各类相关项目资料,并及时对资料进行筛选、分析、整合;写作能力强的学生可以随时根据任务进度将实践学习成果进行补充、修改、润色;口语表达能力强的学生可以负责组织项目成果的展示推广和答辩汇报。整个项目学习中,每一个学生都能得到锻炼机会并提升素养。

三、优化小组活动设计

(一)精选合作内容

具体学习任务要考虑团队合作的必要。一定需要合作完成的,且难易程度适中;学习任务复杂、难度大,学生个体往往无法做到在规定学习时限内全部完成,但通过集体合作可以全部完成,只有这样的学习任务才适合小组合作。

(二)教师参与学习

1.学前指导。项目开始之前,教师要让学生明确合作内容的目标要求,给学生传授和示范交流的各种技能,预设在学习中可能出现的问题和困惑。

2.学中点拨。项目进行中,随时关注每个小组合作学习的具体过程,当出现合作的困难矛盾或发展不合理时及时指导点拨,或帮助各小组人员进行任务再分配。

3.学后梳理。学习结束后，教师对所遇困难、解决方法、共性问题等进行小结，帮助学生深入反思合作与学习的过程，梳理核心技能，初步建构起对合作与学习关系的认知。

（三）运用学习表单

1.学情调查表。合作学习究竟需要合作什么内容？教师在项目化学习正式开展以前不能仅凭个人的经验，而是要站在学生的角度，调查清楚哪些是已经掌握的知识点？哪些是困惑性问题？哪些是需要解决的问题？解决问题需要什么方法？运用学情调查表，对上述问题进行一次全面系统的了解，以此来呈现学生真实的需求，提高项目运行效率。

2.学习任务表。主要包括小组任务分配，资料信息的整理收集、朗诵分析、赏析写作、经验技巧的成果分享、展示创新等。表单可以是个体的学习内容，也可以是小组合作学习内容。

（四）联结课堂内外

课堂内，项目由学习小组自主进行学习研讨、分析、创造、交流、评价；课堂外，学生可利用周边社区、场馆、互联网等，收集相关的学习背景资料，识读及理解相关文化知识、图谱等，进行下一阶段的学习。此外，还可以选择利用诸多形式的现代信息化社交工具来进行线上团队合作学习。这样，就把课堂内外有机联结起来了，也实现了跨学科学习。

四、构建评价机制

小组合作学习效果要与激励评价机制形成密切关系，要充分注重过程性评价和成果性评价的结合，注重实用性效果评价和创新性意识评价的结合。通过项目客观真实地评价出学生个体及小组团队的学习成效，促进学生个体学习能力和小组团队合作能力的共同提升。

（一）个人评价

小组成员根据工作任务的完成情况和学习成效，进行自我评价。通过自评，发挥评判的第一主体作用，多数学生逐渐懂得获取知识要自己努力，而并非靠老师和同学判定；通过自评，学生形成主动追求成功的欲望和持续进步的内驱动力，充分调动学生主体积极性。

（二）小组评价

根据各小组完成任务的具体时间、效果、合作的意识程度等多个方面进行评价。以小组团队成绩评价为主，团队个人成绩评定为辅的综合办法评定每个小组成绩，也可以成员之间互相评价考核整个项目学习中的作用、价值、表现。防止相互抄袭及"搭便车"等现象的发生。

（三）教师评价

教师对小组或者成员运用问卷和调查、星级和奖励、评语及评分表等评价方式来进行积极、中肯、有效的评价，促使学生学会小组合作学习从而有效地反思解决问题的手段。评价要详细、具体，随时点拨、引导，明确今后努力的方向。

小组合作式学习对提高语文学科项目化教学质量有积极的促进带动作用，在具体教学实施期间，教师要加大对这种合作模式的研究利用，注重为学习小组营造一个和谐融洽的气氛，从而使学生在日常教学环节中充分交流，学习合作，为语文实践教学提供一套高效的合作教学组织模式，以适应当前的新课程教学改革。

（张璐璐　青海省西宁市第十二中学）

参考文献：

［1］张悦颖，夏雪梅.跨学科的项目化学习："4+1"课程实践手册[M].北京：教育科学出版社，2021.

［2］谢宇松.项目化学习：核心素养背景下的美术学习变革——以苏少版美术五年级下《桥》为例[J].新课程评论，2019（11）.

［3］杨建宏.目标教学法在《焊接技能》教学中的应用[J].科技风，2019（11）.

［4］陈迎.初中语文高效愉悦型课堂建设[J].课外语文，2013（24）.

项目化学习在初中语文
写作教学中的作用及策略思考

　　写作是重要的表达能力，既是个人经历、情感、思想、理念、观点输出的重要途径，也是落实学生核心素养培育的重要内容。写作不仅需要现实依据，也需要想象力，不仅需要融入情感，还需要表达技巧。良好写作能力的培养不是一蹴而就的，它需要大量的积累，需要将人物、内容、结构进行科学的布局，感情要饱满，情节要引人入胜，要具有感染力，方法还要运用得巧妙。随着教育改革的深化，无论是个人综合发展的长远需要，还是学生能力考核的现实需求，写作都是语文教学亟需攻克的难点所在。从当前语文教学与考核的结构及变化中不难看出，语文学科对学生语言文字应用能力的要求在不断提升，而学生学习兴趣低、能力提升慢则是导致写作水平低的头疼问题。项目化学习在语文写作教学中的应用，有利于帮助学生梳理写作方法，掌握情感表达技巧，对于培养学生的写作热情，提升学生的写作能力都有着十分积极的作用。

一、项目化学习在初中语文写作教学中的应用优势

　　书面表达，写作能力是个人综合能力中的重要部分，个人日常的生活、工作、娱乐、交际都需要借助语言来进行表达、沟通。语文教学的重点就在于培养学生的语言运用能力，这也是素质教育理念下核心素养的重要组成部分。项目化学习是以具体的项目知识为导向，将理论知识与实践操作融为一体的新兴教学理念，项目化学习中的规划、学习、实践、评价、反思等一体化的教学模式，能够有效地帮助学生梳理写作知识，运用写作技巧。在初中写作教学中，可以根据不同的写作要求来开展项目化学习。比如，通过结合不同的体裁形式来对写作教学活动进行科学地设计，精心地组织，有效地实施，从而达到提升学生写作能力的目的。

那么，项目化学习在初中写作教学中的应用优势主要有哪些呢？

（一）高效引导学生掌握写作知识

比如，以某个驱动项目为契机，让学生开展深入学习，以完成项目任务的形式让学生进行小组合作学习。在解决问题以及实践活动的过程中，学生会深入探究问题发生的原因，寻找解决问题的突破口，或是集中团队的力量共同解决，或是寻求外援力量来协助，无论何种方式，在学习过程中，学生的主体性、积极性被充分发挥出来，大大提升了学生的学习兴趣。同时，学习过的知识、运用过的经验被很好地调动了起来，这就实现了理论与实践的统一，学生必然有新的积累、收获和感悟，这个过程也会成为学生写作的绝佳素材。

（二）利于教师教学水平的提升

在组织项目化学习的过程中，老师必然会结合学生的特征与实际情况对学习内容进行精心设计、筹备、筛选，对教学活动进行科学规划与合理组织，同时结合学生在项目化学习过程中的反应与表现，对课堂节奏进行调整，对学生的学习进行辅导与帮助，并及时对课程结果进行总结与评价。这个过程，就是老师教学能力不断提升的过程，也是学生写作能力提升的重要过程。

二、初中语文写作教学中项目化学习的应用策略

项目化学习具有一定优势，如何开展项目化学习，至少有两点需要关注：

（一）运用多样化的项目活动，激发学生写作兴趣

很多常规的写作教学是教师出题，学生围绕题目进行写作，之后教师批改、点评、讲解或提供范例。这样的教学模式单一、枯燥，也是让学生对写作毫无兴趣的原因之一。兴趣是最好的老师，提升学生的学习兴趣，也是项目化学习的目标之一。基于此，项目化学习可以结合学生实际，以多样化的，与学生生活息息相关的，与学生喜好特征相适应的项目活动，引导学生借助自然环境、课本知识、生活素材、互联网资源等开展项目化学习，采用小组合作的形式，组织和利用一些有启发意义的实践活动来帮助学生体验和掌握好写作的一般方法与技巧，如调查、采访、录制、绘画、表演、朗诵、辩论等，引导学生细致地观察生活，积累大量素材，合作探究知识，开展写作实践，讨论评价反思等，同时引导学生树立"艺术来源于生活，但是高于生活"的意识，充分发挥想象力，鼓励学生将自己的观点、

感受等通过文字的方式表达出来，体裁不限，字数不限，以充分激发学生的兴趣为主，并以丰富多样的活动形式，极大提升学生的写作兴趣，也提高了学生的写作能力。

（二）结合学生实际，做好点拨引导

无论是项目化学习，还是其他写作教学模式的应用，在学习效果上必然会存在差异与差距，这是由于学生的语言文字组织能力、理解能力、自身积累，以及在方法技巧的运用上存在差异，而差异是导致差距产生的重要原因。所以，在开展项目化学习的过程中，教师仍应为学生系统地讲授写作知识，组织学生开展小组合作学习，并结合学生的实际情况做好点拨引导。比如，鼓励学生挑战自己不熟悉的体裁，除了记叙文之外，尝试进行议论文、说明文甚至应用文写作，结合写作过程中出现的疑惑与困难再对学生进行精准点拨，这样就有利于一个项目一个项目的解决问题，之后师生共同参与评价，给出修改建议，学生在交流讨论与修改的过程逐步积累了写作知识与方法，写作能力也得到巩固与提升。

综上所述，写作教学是语文教学的重要内容之一，也是学生需要具备重要能力。针对当前初中学生在写作过程中面临的种种现实问题，要通过合理运用项目化学习法，引导学生掌握写作知识与方法，启发学生的情感，帮助学生在项目化学习过程中建立起理论与实践，生活与现实的联系，形成正确的认知与感知，引导学生通过文字来展示社会生活，表达自己的思想、情感等，以写作能力的提升，促进学生自我的不断进步。

（赵蕾　青海省西宁市第一中学）

参考文献：

［1］黄亨容，王文静.真实任务情境中语文活动课项目化学习探究——以统编版八年级语文上册第三单元写作教学为例[J].福建教育学院学报,2022(04):33-37.

［2］黄飞.依托项目化学习提高语文写作能力的措施探究[J].考试周刊,2021(A1):34-36.

［3］王雅红.基于项目思维的写作教学实践——以统编语文教材八上第五单元《说明事物要抓住特征》为例[J].语文教学通讯,2021(32):75-78.

项目式学习在初中语文教学中的实施路径

在新的教育发展阶段，初中语文教师在开展项目化学习时，需要为学生设计实际的教学情景，在明确教学主题的情况下，让学生独立钻研知识，教师需要适当的对学生进行指导，让学生可以有效地处理具体问题，注重学生学习成果展示，突出过程评价的价值，实现教学的高效性。需要注意的是，初中语文教师在设计项目式学习时，需要明确课程教学的主要目标，对语文知识进行科学整合，对学生项目式学习进行科学规范，让学生的语文综合技能得到有效提升，以此来实现初中语文项目式学习的重要目标。

一、以知识预习为基础

在初中语文课程教学中，知识预习是比较关键的环节。初中语文教师需要让学生在课前学习了解相关的知识内容，为课堂学习做好充分的准备工作。学生在知识预习时，实际的学习效率对于后续教学的正常开展有重要的影响。因此，初中语文教师在开展项目式学习活动时，要以知识预习为前提，让学生做好高效的学习准备，为后面语文教学的正常运行提供保障。

例如：初中语文教师针对《济南的冬天》一课开展教学时，教师可以让学生预习课文，使学生对课文有大概的掌握。学生通过自主阅读《济南的秋天》，学习作者描写景物的写作手法，感受作者对济南的秋天和冬天的思想情感。以此作为前提，让学生深入课文，增强对课文的理解。同时，教师让学生课前阅读另外一篇课文，让学生学会比较学习，使学生的语文知识技能得到训练。

二、有效发挥学生的主体地位

区别于以往的教学模式，项目式学习具有一定的创造性，可以让学生的主体地位在课堂中得以有效显现，使学生获得良好的学习体验。因此，初中语文教师在进行项目式学习设计时，需要考虑学生在课堂中的主体地位，结合学生的具体学习状况，为学生创设科学高效的学习平台，让学生借助项目式学习，训练自身的学习技能，逐渐增强合作意识，解决实际问题，增强语文知识储备。

例如：初中语文教师针对《桃花源记》一课开展教学时，教师可以结合文言文的主题内容，为学生播放与课文相关的音频、视频资料，为学生创造轻松的学习氛围。语文教师也可以为学生创设问题情境，如文章讲述了一个怎样的故事？文章的写作线索是什么？文章作者想要展示什么样的思想情感？实际生活中是否存在桃花源？教师需要为学生提供足够的讨论时间，让学生有效地参与到项目式学习中。学生借助交流分析，探寻问题的答案，使学生的课堂主体位置得到充分显现。同时，可以让学生体会钻研语文知识的乐趣，促进学生综合能力的发展，以此来实现项目式学习活动的重要价值。

三、教师发挥主导作用

在初中语文教学活动中，尽管新教育阶段要求重视学生在课堂教学中的地位，但是，不能忽视教师的主导作用，教师是课堂教学正常运行的基础和前提。因此，在初中语文教学中开展项目式学习，教师需要加强对学生的学习指导，让学生正确对待学习，为学生的总体发展提供保障。

例如：初中语文教师针对《社戏》一课开展教学时，教师需为学生介绍文章的写作背景，让学生正确的认识社戏。以此作为前提，教师可以让学生小组合作进行项目式学习，让学生阅读文章，与同学合作对文章的结构和故事情节进行划分总结，让学生学习小说描写景物的表现手法，体会作者围绕看戏这件事的思想主题，对作者的写作语言进行分析，学习作者刻画人物形象的手法，体会作者对农村和劳动人民的热爱之情。学生在进行项目式学习的过程中，语文教师需要认真观察学生的学习表现，对于学生不能解决的难点，教师要及时进行提示，让学生可以有效化解困难。同时，教师要维持好项目式学习的秩序，让每个学生都能高效地融入知识研究之中。

总而言之，在新的教育发展阶段，项目式学习在教学活动中运用较为广泛。因此，初中语文教师需要有效发挥项目式学习的作用，合理设计课堂教学。初中语文教师需要让学生做好课堂预习，在学生的课堂主体地位有效展示出来的同时，加强对学生的正确指导，让学生可以更加高效的进行项目式学习。初中语文课程与项目式学习整合在一起，可以让学生钻研语文知识的精神得到塑造，促进学生综合技能的发展，为学生未来语文知识学习提供更多的知识储备，以此推动初中语文项目式学习模式的可持续运转。

（岑礼霞　青海省西宁市教育科学研究院）

参考文献：

[1] 侯志中，欧琴．项目式学习：初中语文"活动探究"单元教学探讨 [J]．中小学班主任，2022(2):38-39.

[2] 袁芳．探究初中语文教学中项目式学习的应用对策 [J]．天津教育，2021(19):148-149.

[3] 童建平．如何在初中语文教学实践中实施项目式学习 [J]．课外语文，2021(19):43-44.

项目化学习方式教学浅尝

当前，我国的基础教育改革正进入了一个新的历史阶段，2022 年版《义务教育课程标准》在全国范围内开始应用。要求进一步明确"培养什么人，怎样培养人，为谁培养人"，聚焦中国学生发展核心素养，优化学校育人蓝图。在新的历史时期，人才培养面临新的挑战，对教师也提出了更高的要求。

纵观 2022 年版《义务教育语文课程标准》课程性质、课程理念、课程目标、课程内容、学业质量、课程实施六个内容可以看到：核心素养的培养在教学内容的选择和变更中，在学习方式和教学方式的变革中，在学生持续自我发现问题和自主解决问题的过程中。

国家"双减"政策的出台，要求切实减轻学生课业负担，提高课堂教学的有效性，满足全体学生的学习以及能力发展需求，由此让全体学生参与到学习的整个过程，成为学习的主人，体会到学习的快乐和成就感，引导和带领学生在真实的情境中发现问题、解决问题，并在解决问题的过程中发现新的问题，激发学生学习的热情，创造条件让学生不断碰撞出思维的花火，让学生真正感受到学习的意义。

项目化学习正是体现了这种学习本质的方式之一。较长一段时间以来"生本""导学案""翻转课堂""智慧课堂"等教学模式，都是强调以学生为主体，以教师为引导，倡导合作探究的自主学习模式。教学改革虽然一直在进行，但受到考试指挥棒的影响，课堂形态没有发生太大的变化，讲授式的课堂仍是教学常态。在学习了项目化学习的理论和教学案例后我有了一些启发，下面就以设计的教学案例与大家交流。

我设计的是八年级语文教材中《说明事物要抓住特征》《说明的顺序》两个写

作任务，它们分别是八年级上册第五单元和八年级下册第二单元。两个单元文章，有介绍中国建筑、园林、绘画艺术和介绍小动物的事物说明文，还有阐述事理的说明文，涉及物候学、地质学、生态学等领域。文章不但能让学生感受前人非凡的智慧与杰出的创造力，也引导学生去接触大自然，激发科学探索的兴趣，体现求真、严谨的科学精神。文章中抓住说明对象的特征，多种说明顺序的运用，富于表现力的语言以及作者赋予的情思，都为单元写作做了很好的铺垫。

由此项目以"魅力家乡"推介会为主题设计，将学习和生活有机结合。学生通过参与完成"魅力家乡"推介会任务，学会"说明事物要抓住特征和说明的顺序"的写作知识并进行写作实践。

在项目学习过程中落实口语交际，提高学生的知识运用能力、信息搜集与整合能力、口头表达沟通能力、团队合作能力、审美能力、动手实践能力、创新能力，同时激发学生对家乡文化遗产的了解和深入挖掘、推广文化的热情，培养学生爱国、爱家乡的情怀，提升民族自信心和自豪感。

整个项目学习分为三个阶段，与生活紧密联系，营造出真实情境。活动总体构想由老师预设，全班同学进行交流、讨论、完善，最大限度地体现学生的主体地位，让学生在实践中学知识、用知识，提升学生的综合能力，最终展示"魅力家乡"推介会的成果。

第一阶段（准备阶段）

任务一：成立项目小组，完成项目准备、学习、展示任务。

第二阶段（实施阶段）

任务二：整合提炼

（一）根据说明文单元的学习，学会如何在说明事物时要抓住事物的特征。

（二）能条理清晰地按说明顺序介绍事物。

本环节主要让学生通过两个问题，驱动自主、合作完成核心知识点的学习。教师提供知识学习表单，引导学生借助各种媒介完成学习，为下面的调查撰写做好知识准备。

任务三：调查撰写

（一）通过书籍、网络搜索，了解青海地区的文化遗产，形成调查信息表，完成 200 字的遗产概述。

（二）以组为单位交流讨论，确定推介的内容，查找并深挖历史、艺术特色等内容，运用所学说明文写作的方法撰写 600 字的"魅力家乡"推介文案。

（三）根据小组互评、教师评改的写作评价量表，打分、定稿。

（四）各小组根据总体安排，准备具有本组特色的展示，并集结活动成果制作"魅力家乡"手工书、纪念品等。

本环节主要通过的调查，运用说明文写作知识完成 600 字推介文案的撰写。教师提供调查、写作模版、写作评价量表，有引导、有自主、有合作，任务难度逐层递增，这种递进也是学习思维从易到难的进阶，在完成项目任务的过程中，达成了在真实情境下"做中学""和"学中做"的目的。每位学生都能在学习的挑战中获得肯定和快乐，持续提高学习积极性，建立学习自信心。

任务四：展示规划

（一）合作策划"魅力家乡"推介会流程、展示项目、展示形式、主题音乐等。

（二）设计发布邀请函、设计布置展位、展台等。

此环节同样提供任务表单，学生在引导下合作完成任务的效率、质量就会提高。除此之外发动全班的力量合理安排时间和场地。任务完成的过程发挥了个人、集体的优势，激发了学生的积极性、创造力，确保了项目进度和展示的质量。

第三阶段（展示评价阶段）

任务五：成果展示和项目学习过程评价

（一）举办"魅力家乡"推介会，邀请学校教师、学生家长若干参加项目展示活动。通过手工作品展示、民歌演唱、文化遗产宣讲、PPT、小视频展示、美术作品展、手工书、手绘地图、纪念品发售等各种形式，展示项目成果。

（二）提供"项目学习过程评价表"完成团队协作能力、文案写作能力、推介展示能力三个方向的具体评价，评出优秀团队最佳合作奖，以及文案展示单项奖。

（三）运用思维导图进行学习收获总结。

此环节给学生提供充分的展示机会，通过"项目学习过程评价表"，最大限度地给每位学生和团队鼓励与肯定。通过思维导图复盘项目学习过程，学生可以补充、巩固自己的学习，分享自己的学习收获、享受学习的快乐和成就感，也能帮助教师从中深入了解学生的学情，指导教师查补漏缺，重点关注，有的放矢。

所有任务秉承引导、拓展学生思维又不局限学生创造的原则，设置每一项任务明确的要求和任务表单。帮助学生明确任务目标，完成信息的收集。梳理已学知识，建立知识图谱。逐渐提升自己的知识运用能力和写作水平，建立学习自信力。

希望通过项目化学习方式的落实，让学生真正体会到学习过程中的乐趣。打破固有的语文学习模式，将知识融入真实情境，融合多学科，通过实践过程丰富语文的知识学习，建立大语文模型。在项目中学会写作知识，内化知识为能力，完成写作实践。

反思整个项目学习过程，任务的进阶、写作的难度都是逐层递进的。学习过程以学生为主体，在真实情境下的学习也最大限度地发挥学生的自主、合作学习潜能。本次活动还让学生对家乡有更加深入的了解，播撒爱家乡的种子，相信这会成为学生难忘的一课。

项目化学习方式教学浅尝，为我打开了一个崭新的视角，给了我一个语文教学突破的支点；项目化学习也会给师生带来热情而富有创意的生活，更具意义的探究过程，表达并实现自己的思想和价值。为此，我们将继续前行。

（焦俐　西宁市青藏铁路花园学校）

参考文献：

[1]中华人民共和国教育部制定.义务教育语文课程标准（2022版）[M].北京：北京师范大学出版社，2022.

[2]张悦颖,夏雪梅.PBL跨学科的项目化学习:"4+1"课程实践手册[M].北京：教育科学出版社，2021.

项目化学习在八年级
语文作文教学中的应用

写作一直是初中教学的重中之重，其中有很多的难点，导致初中语文整体的写作水平并不理想。为此，我们进行了深入探讨，发现原因还是出在语文写作的教学方式上。因此，想要提高初中语文写作教学的整体质量，任课老师就需要改变固有的教学模式，摸索出新的方向，为初中语文写作课堂注入新的活力。项目化学习模式，在如今的初中语文教学中受到了极大的关注，这种教学模式主要就是一种动态学习方法，需要学生在老师的引导下围绕具体的学习项目，积极主动进行探索，找到问题的答案，如果将项目学习应用到初中语文写作教学中，就能得到前所未有的惊喜，获得不一样的教学效果。

一、项目化学习在初中语文作文教学中的应用价值

我们开展项目化学习的初衷是为了能够让学生更好地进行写作，在以往传统的教学模式中，任课老师往往太过于依赖教材，使学生学习的知识基本上都来自教材内容，虽然这样的教学方式能够让学生更好地掌握最基本的知识，可以第一时间学习到老师讲解的重点，但是这对于学生全面地掌握语文知识十分不利。伴随着信息时代的到来，我们学习知识的目的不再仅仅是充实自我，而是去解决实际生活中的一些现实问题，那么项目化学习就能够更好地帮助学生去解决这些问题，让学生能够在实践中不仅掌握了知识，自身也能得到锻炼，从而达到学生全面发展的目的。开展项目化学习能够改变以往知识和实际生活相分离的情况，让学习回归到生活中。与此同时，学生在进行项目化学习的过程中，还能够通过自己解决问题提高动手能力，学会如何更好地和他人沟通，对学生终身能力的培养十分有益。总的来说，项目化学习能够激发学生学习初中语文知识的动力，帮

助学生更好地掌握课本内外的相关知识，让学生能够真正的学以致用，举一反三，让学习变得有意义，真正地实现学生的全面健康发展。

二、项目化学习在初中语文写作教学中的应用

（一）开展相关的项目活动，培养学生的实际动手能力

开展项目化学习的前提就是初中语文老师需要为学生设计一些教学活动项目，利用相关的教学活动，让学生能够参与到项目当中，积极的调查研究，增加同学之间的协助关系，在自我探索的过程中找到解决问题的方式，收集更多的写作素材，为以后的写作打下坚实的基础，完成老师布置的任务。写作教学也可以利用这样的教学模式，为学生提供一个好的方法，设计相关的主体，让学生利用身边现有的材料进行创作，引导学生找到自己需要的资料，整理收集到的资料，通过讨论，获得更有价值的资源，书写出具体的文字，然后完成老师安排的项目。例如，探究人物典型写作任务的项目化学习，学生通过查阅资料，走出课堂，走进社会，接触一些职业者，引导学生认识社会分工，了解某些职业特点，总体把握语文课文中的不同人物形象，锻炼学生的分析概括能力，激发学生勇于探索世界的兴趣。在初中八年级的语文教材中，学生学习如何写人记事并掌握相关的写作技巧，需要学习细节描写，使整篇文章更加充实。为此，任课老师一定要鼓励同学都能够以小组为单位搜集资料以及整理，通过采访等形式，掌握职业特点。基于采访，设计驱动问题，如何写出人物形象。运用思维导图软件制作出以人物为中心的思维导图(细节/事件+精神品质)，以及分享采访过程中最打动自己的故事，并在小组内展开讨论，思考怎样才能写出人物的特点。接着，教师在线上学习平台发布作文指导微课视频，学习《学写人物传记》的写作技巧。学生根据老师发布的人物传记写作要求，完成片段写作任务。根据写作评价表在小组内进行互评，并根据组员对自己作品提出的修改意见进行修改完善。最后，学生根据自身的特长与兴趣，加入一个班刊制作的任务小组，与本小组成员密切分工协作，完成本小组制作任务。师生交流评价，分享感受。通过这样的教学活动，让学生能够自主的进行资料的搜集以及整理工作，有效地培养学生的综合素质，为日后的写作积累大量的素材，这样写出来的东西将会更加丰富、饱满。

（二）创设教学情景，激发学生彼此合作

在项目化学习的写作教学中，作为语文老师应该根据相关的作文题目进行灵活掌握，安排好自己的讲课内容真正给学生提供学习的机会，让学生能够有效进行合作探究，不断激发学习热情，只有这样才能够达到良好的教学效果。那么，为了能够调动学生的学习积极性，作为初中语文老师一定要根据教学内容及课程标准，进行情景设置，让学生能够在了解作品之后进行小组内的教学评价，作为老师可以给学生制定一些评价的标准，让学生有依据的进行评价，同学之间根据彼此的评价再进行修改，争取将自己的作文修改的完美，这样的教学模式也更容易被学生所接受。之后再鼓励学生对修改后的作文进行展示，同学之间彼此学习欣赏。例如，在八年级语文习作《学写读后感》中，学生们通过阅读《昆虫记》，探索科学，增进对科学的了解；创设教学情景，带领学生深入湿地，通过观察昆虫，了解昆虫生长环境并辨别昆虫，获取知识；通过设计昆虫图谱，用艺术宣传科普知识；最后撰写《昆虫记》读书笔记，深入领会课文精神主旨，对主题、昆虫、表现手法或某一感兴趣的问题提出自己的看法，发表见解。在筹备过程中落实研读作品、写读后感、培养阅读兴趣等教学目标，提高孩子们的知识运用能力、信息搜集与整合能力、口才表达沟通能力、团队合作能力、审美能力、动手实践能力、创新能力，激发孩子对科学问题的兴趣、阅读的兴趣，培养学生的阅读习惯，写读后感的习惯。这样的情景设立，能够有效地调动学生写作的积极性，学生能够积极地参与到作文的批阅以及修改中，极大提高教学的质量。

（三）融入角色扮演，给予学生成功的满足感

为了能够让学生更为积极的进行语文写作创作，作为初中语文老师应积极鼓励，让学生尝试将自己的所思所想用文字表达出来，从而让学生感受到成功带来的喜悦。例如，创设学生图书管理员角色，教师提供图书馆宣传好书的范例；学生合理分工，以小组为单位设计海报，完成"读书吧"宣传工作，形成海报成果图，交流点评。宣传结束后，图书管理员开展书籍推荐宣讲活动，小组合作设计《昆虫记》书籍推荐宣讲会并推荐书籍，展示成果。所以，在进行项目化学习时，初中语文老师可以为学生创设一个情景，让学生从创作到表演都能独立进行安排。语文老师可以鼓励学生进行创作，或者对自己喜欢的作品进行演绎，然后利用这样的教

学模式，让学生能够积极主动地进行写作，与此同时，在表演的过程中，同学之间的感情也能够得到升温，合作能力以及表达能力都能够得到有效提升，使学生的综合能力得到提高。

综上可知，项目化学习受到广大师生的好评，在初中八年级写作教学中也十分适用。为此，作为初中语文老师一定要继续深入研究，找到合适的项目化学习策略，将项目任务与写作教学融合，利用项目化学习，让学生能够真正达到知行合一，掌握写作技能，利用学习到的知识，去解决相关的实际问题。

（孙雅婧　青海省西宁市第一中学）

参考文献：

［1］郑萍，盛煜晖．基于项目化学习的"活动·探究"单元教学策略谈——以统编教材九上诗歌单元教学为例 [J]．语文教学通讯，2020(32).

［2］黄小琴．初中语文写作教学的策略——以统编教材七年级写作单元为例 [J]．西部素质教育，2019(24).

［3］陈少静．基于智慧课堂环境下的小学语文项目化学习设计——以统编教材小学语文四年级上册第四单元教学为例 [J]．教育信息技术，2020(21).

［4］马乐．用朗读推敲策略教散文——以教读课《紫藤萝瀑布》为例谈散文项目化学习 [J]．语文教学通讯，2020(08).

走近鲁迅

——PBL 教学法在初中语文阅读教学中的应用案例

一、PBL 教学设计

初中语文课外阅读教学设计（以鲁迅先生《朝花夕拾》为教学案例）

（一）教学目的

1. 根据前期学生的阅读状况，鼓励和引导学生搜集、整理课外关于鲁迅先生的学习资料，让学生感受和了解鲁迅先生的性格特征，特别是鲁迅先生作品的风格。

2. 学习鲁迅先生的代表作品，引导学生感受和欣赏鲁迅先生作品的魅力，激发学生阅读鲁迅先生作品的兴趣。

（二）教学准备

1. 课前开展鲁迅先生作品课外阅读周活动，搜集并介绍鲁迅先生作品。

2. 准备课件（包括鲁迅先生画像、鲁迅先生名言名句集锦、鲁迅先生经典作品朗诵视频等）。

3. 学生制作书签，创作书法作品、艺术作品等。

（三）教学过程

1. 发明情境，导入主题。

以优美的音乐为背景，教师使用深情的诗意语言，营造学习气氛，将学生引入鲁迅先生作品的意境，体会作品魅力。

2. 报告展现鲁迅先生作品。

（1）简明扼要"引见"鲁迅先生。以各种形式介绍鲁迅先生。（展示图片或文字引导学生走近并了解鲁迅先生。）

（2）回答两个问题：你读过鲁迅先生几部作品？你一般从哪里寻找并阅读鲁

迅先生的作品？

这两个问题的设计旨在了解学生课外阅读的质量和数量。第一个问题可加深学生对鲁迅先生代表作的了解，弥补个人课外阅读的不足。第二个问题学生学习搜集资料的方式，整理和阅读资料的办法。

3.回顾学习方法

（1）回顾在学习《朝花夕拾》时用"抓精彩语段，用情去读，用心品味"的学习方法，指导学生抓住鲁迅先生作品语言文字的特点，以及作者抒发某种思想感情的特点。

（2）回顾知识，调动学生原有的知识储备。从学生课外阅读积累的知识出发，为学生提供展现和交流的平台，让他们在阅读交流中体验学习的快乐。

4.观赏、品味作品

（1）学生找到自己的阅读同伴，组成阅读小组，用"抓精彩段落，用情读，用心品味"的学习办法阅读自己喜欢的作品，撰写阅读报告，并且推荐学生参与集体报告活动。

（2）独立协作，集体欣赏。请每个小组向全班展现交流结果。一同品味欣赏鲁迅先生的作品，教师及时给出建议。为了更积极地调动学生的热情，除了每个小组推荐的候选人外，还可以鼓励学生毛遂自荐。引导学生依据自己的阅读兴趣分组阅读和品味。运用各种阅读方式展现对作品的理解，引导学生个性化阅读，鼓舞学生积极阅读的热情。

（四）项目评价

PBL教学法项目评价一般采取学生自我评价（自评）、学生互相评价（互评）和教师评价（师评）相结合的形式进行，以形成性评价为主，终结性评价为辅，强调对整个学习过程的评价。

《走近鲁迅》PBL的教学效果评价主要从基础知识储备、学习态度、能力提高、合作情况、专业素质五个方面进行，其各自所占的比例是：基础知识储备为20%，学习态度为10%，能力提高为40%，合作情况为20%，专业素质为10%。最终经过评价，PBL教学法在教学过程中，给学生提供一个开放课堂，让孩子不仅重视自我学习，更加注重小组合作。毕竟教学不是一种灌输，而是学生的体验、探求和感悟，最终引领孩子愿意读书，获取知识。在 PBL 在教学方式下，教师和学生从曾经的传统教学中心转变为新教学方式下的师生协作关系。教师的角色转变为教学组织者、资源提供者、学生才能发展的促进者和自主学习的指导者。此时，教师应正确参与讨论，引导学生发问，辅助小组设定目标，选择要点，制定方案，发现和帮助处理存在的问题。因而，评价新课程改革背景下的教师，不应只看教师能否上好课，还要看他们能否设计好课程并与学生一同参与、体验课程。因为，教师的教学目标不再是给学生多少知识，而是能否提升学生的自主学习能力。

（韩忠萍　青海昆仑中学）

浅谈初中语文写作课堂项目化学习设计

——以人物写作学习设计为例

一、初中语文写作课堂项目化学习的背景

随着《义务教育语文课程标准（2022年版）》的颁布，发展初中学生核心素养的教学理念、教学方法、教学设计等教学要求的中心地位日益凸显。核心素养是个人在信息化、全球化、学习型社会，面对复杂的不确定情境时，综合运用所学知识、观念、方法，在解决实际问题时所表现出来的价值观、必备品格和关键能力，核心素养强调知识的探索能力和问题的解决能力。

项目化学习是发展初中学生核心素养的学习方法之一。项目化学习要引导学生在真实情境中发现问题、解决问题，又在解决问题过程中去发现新问题，呵护和点燃学生的学习热情，引导学生探究并体验包括学科知识在内的外部世界，培养对学科知识以及外部世界的内在兴趣。项目化学习，是让学生以项目学习任务为桥梁，来探索阶梯式的学科问题，收获多样化的学科知识。

初中语文学科写作知识的特点是学习点呈零星状分布，导致学生的学习过程常常顾此失彼，一方面感觉都学过，实践起来却又像什么都没有学。另一方面，教师对于写作知识的重视程度不够，阅读课堂和写作课堂比例严重失衡，使得写作课堂出现的频率极低。鉴于初中语文学科写作知识的特点和写作课堂的现状，项目化学习能够极大地整合写作知识，构建写作学习项目任务，帮助教师和学生构建阶梯式上升、互动式交流、评价式反馈的知识型课堂和素养型课堂。

二、初中语文写作课堂项目化学习设计

根据项目化学习的四大特征，即核心知识的再建构，构建真实的驱动性问题，用高阶学习带动低阶学习，将素养转化为持续的学习实践。本节将以人物写作课

堂为例，进行项目化学习设计的分析。

（一）核心知识的再建构

基于初中语文写作知识呈零星分布的特点，在写作学习设计中，教师需要主动整合写作课堂的有关知识，注重知识点的内在逻辑，使知识点阶梯式呈现。值得注意的是已经习得但是需要运用的知识点可以作为新知识点的铺垫，避免知识点的重复教学。

在初中语文人物写作的学习设计中，共分为两大板块，一是《写人要抓住特点》，二是《写出人物的精神》。抓住人物特点的写作，需要《抓住细节》这一写作板块，所以在学习设计中需要将这一板块的知识进行整合、重组，与两大板块相结合，实现核心知识的再建构。

想要写出人物的精神，需要用事件凸显人物精神，《学会记事》在七年级上册第二单元中已经完成学习，所以作为人物写作学习设计的铺垫。

（二）构建真实的驱动型问题

真实的驱动型问题能够引发学生的思考和探索兴趣，帮助学生获得写作知识，提高解决问题的能力。在初中语文写作学习中，真实的驱动型问题能让学生知道写什么、为什么、怎么写。

在初中语文写作学习中，真实的驱动型问题应从身边入手，从细节入手。如人物写作学习中，"请描写一位你喜欢的明星""请描写你印象深刻的同学"等问题，由于该类问题太过笼统，学生会获得一位千篇一律的明星或同学。描写人物时，可以设计项目学习任务，由教师提供具体人物，学生小组讨论人物的特点后入手写作。描写身边的人时，可运用具体有效的提问方法，如"哪位同学让你印象深刻，请选择他或她最特别的五官进行描写"等，让学生充满拿起笔写作的动力。

（三）用高阶学习带动低阶学习

在马扎诺学习维度框架中，低阶学习策略包括获取和整合知识、扩展和精炼知识，即信息收集、组织、储存、巩固，高阶学习策略包含问题解决、创见、决策、实验、调研和系统分析。

对于初中语文写作学习，包含了高阶学习策略：问题解决和创见。在人物写作学习中以父母人物写作为例，项目设计任务是为年轻时的父母和现在的父母"画"

像。为了完成任务解决问题,学生需要运用创见(运用想象力、创造力等的学习策略)进行写作,保证学习策略能顺利进行。学生同时需要主动积累好词好句,主动思考如何组织语句,让父母"画"像更加惟妙惟肖,这正是高阶学习带动低阶学习的体现。

高阶学习带动低阶学习也体现在学习项目任务设计的阶梯型和逻辑性。在人物写作学习中,先进行人物特点写作的项目设计,再进行人物精神写作的项目设计,最后通过典型事件的写作作为桥梁,整合先前的写作学习项目,形成一篇描写典型人物,具有学生写作特点和真情实感的作文。

(四)将素养转化为持续的学习实践

写作不仅是学生表情达意的工具,也是学生感受审美,提升核心素养的重要渠道。人物写作,不仅为了学生能够熟练地运用多种写作手法,使人物描写更加惟妙惟肖,更希望学生通过感受人物品质,将优秀品质融入自己的人生观、世界观和价值观,提高核心素养。

为使学生能够积极、持续地进行学习实践,各个项目任务的评价不可缺少,评价方式有自评和互评,参与评价的人选有老师、家长和同学。通过评价,学生获得解决问题、解决矛盾的能力,就是素养转化的表现。

学习成果也是素养转化的另一种表现,写作的学习成果,即作文的呈现形式也是多种多样的。在人物写作学习成果中,制作绘本、制作视频等不仅体现了跨学科融合,学生丰富的精神世界也被表现出来,这就是核心素养给教师与学生带来的美好的、愉悦的、感动的享受。

三、结语

初中语文写作课堂的主体本就是学生,学生要在课堂内外、线上线下的学习中表情达意,散发光彩。项目化学习正是学生活跃于课堂内外、线上线下的钥匙。给予学生揭开写作之谜钥匙的人,正是教师。教师与学生都能在项目化学习中保持对学习的探索,享受学习的乐趣,收获学习的果实。

(程晓林 青海省西宁市第一中学)

参考文献：

［1］夏雪梅. 项目化学习的实施：学习素养视角下的中国建构 [M]. 北京：教育科学出版社，2022.

［2］夏雪梅. 项目化学习设计：学习素养视角下的国际与本土实践 [M]. 北京：教育科学出版社，2022.

［3］夏雪梅. 跨学科的项目化学习："4+1"课程实践手册 [M]. 北京：教育科学出版社，2022.

［4］拉尔默.PBL 项目学习:初学者入门 [M]. 董艳, 译. 北京:光明日报出版社，2018.

［5］夏雪梅. 在传统课堂中进行指向高阶思维和社会性大战的话语变革 [J]. 华东师范大学学报（教育科学版），2019.

如何运用项目化学习提高
初中语文名著阅读的有效性

文学名著蕴含着思想智慧的精华，是全人类的共同财富。通过名著教学能够搭建起学生与历代先哲对话的桥梁，从而受到文学艺术的感染和熏陶。学生通过名著阅读能够更系统地接触各类文学作品，有利于激发学生热爱文学、热爱生活的美好品格，让学生在名著中徜徉，展开智慧与情感相互碰撞的阅读之旅。但是现实生活中，学生对名著有着不小的距离感，加上学时的限制，难以长时间沉下心来深度阅读甚至不愿意读。名著阅读的这一困境，促使我们不得不反思现在的课堂教学形态和教学方式。这就要求在名著教学中，教师要善于激发学生的阅读兴趣，引导学生掌握正确高效的阅读方法，多形式、多角度拓展名著阅读，真正促进学生文学素养和良好阅读习惯的养成。由于经典作品的作者往往生活时代久远，作品反映的生活场景与我们今天已迥然不同，特别是对于现在的学生来说，"悦"读起来就更有困难。如果借助于项目化学习，则有助于学生深入作品，在立体、动态、开放、趣味的活动中，获得良好的学习效果。

项目化学习是当前教育中大力倡导的学习方式，它指向学习本质，是改变学习方式的生动实践。通过驱动性问题使语文实践活动持续延伸，名著阅读教学更富有生机活力。宏观方面，它培养学生从名著里汲取真、善、美，践行社会主义核心价值观，不断促进自我精神世界的成长；微观方面，在阅读中努力践行"名著与教材，课堂与生活，听说读写互通互融"大语文观的学习模式，促进学习方式转型升级，努力提高学生语文核心素养。名著阅读项目化学习理念是让学生从参与者的身份转变为主体者，改变了因动力不足机械阅读的现状；项目化学习带来的趣味体验能够让学生保持名著阅读的持久力、专注力，在潜移默化中使阅读能力、思维品质和审美情趣等素养得到提升。

初中是养成习惯、健全人格的关键阶段，但是因为初中生知识储备量少，无法感受到语文的魅力，很多学生都认为语文学习就是死记硬背，其内容枯燥乏味，致使其不愿意主动学习语文。名著篇幅较长，蕴含的深意有的难以理解，让学生产生退缩的心理。因此，在教学中教师可采用项目化学习法开展名著阅读教学。同时，教师应将名著阅读与信息技术相结合，实现跨媒介阅读，跨媒介阅读有助于学生吸取知识，为接下来观察、思考以及表达的环节做准备，以便学生了解教材内容，也有助于发挥项目化学习的优势，有利于学生文化素养的培养。

项目化学习在名著阅读课实施中有得天独厚的优势。项目化学习中的任务设计主要包含任务情景、任务驱动，任务核心知识、任务相关知识和技能，项目达成目标等要素。名著阅读围绕以上几个要素来设计阅读任务，能实现阅读的实效性。例如，阅读《水浒传》这本名著时，项目化学习中设计的驱动性任务是"一起论一论水浒英雄"的讨论活动，每个学生从这本名著中选择一个自己喜欢的英雄，对其进行分析，并参与到课堂讨论当中，建立和修正自己的人物评价标准，不断质疑自己的阅读见解，达到深度阅读的目的。

项目化名著阅读是一项阶段性、过程性学习活动，不管是读前导读课、读时指导课，还是读后成果汇报课，在开展活动时教师都应该注重用以下几种策略来达到名著阅读课的有效性。

驱动性。项目化学习的重点是创建真实的驱动性问题。所谓驱动性问题，是指将比较抽象的、深奥的本质问题，转化为学生感兴趣的问题，设定学生更感兴趣的情境。如果能够设计这样的驱动性问题，唤起学生的求知欲望，那么学生的阅读就不再是机械的、被动的，而是主动的、愉悦的，所带来的阅读思索、感悟与美的享受会更加浓烈。例如，在阅读《钢铁是怎样炼成的》这部名著时，很多学生在小学时就听说过这本书，大致能够说出这本书讲述了主人公保尔·柯察金的奋斗经历。实际上教师在教学过程中，完全可以绕过"人最宝贵的东西是生命，生命对于每个人只有一次"这些学生早已熟知的段落，从书中选择其他精彩的片段，如主人公在食堂做杂役时与他人打架的情节。虽然这并非是全书的主要情节，但是通过对这些片段的阅读，能够让学生看到一个桀骜不驯而又不乏正义的少年形象，这样的片段更容易走近初中学生，更容易引发学生的共鸣，让学生觉得保尔·柯察金不再是高高在上的形象，无形中拉近了作品主人公与学生在心理上的距离，学生自然也有了进一步阅读的兴趣。

支架性。名著阅读最困惑的问题是"读什么？怎么读？"的问题，教师要重视阅读方法的指导，为学生项目化学习提供正确的行动指南。项目化学习是一项纵横立体、多线并行的实践过程，就好像架设了一把梯子，帮助学生架构起了经典名著与精神内核的有效通道。因此，教师在整个项目化学习实施过程中，要学会蹲下身子换位思考，透彻研究学情，精准找到学生所需的学习支架，灵活创设真实情境与任务，主动弥补教材不足，多措并举地促进教学目标的实现。以七年级下册《西游记》为例，学采用各种各样的方式来解读作品，有说书的，有评论的，有辩论的……八仙过海各显神通，学生们课堂活跃，思维不断擦出新的火花，课后大家更是拿起名著爱不释手。如凡尔纳的小说《海底两万里》构思巧妙，情节惊险。为了激发学生的阅读兴趣，把影视作品中尼摩船长勇斗鲨鱼救采珠人这一段视频给学生观看。学生一看就被深深吸引住了，对海底世界的奇妙纷纷发出惊叹和赞美，就会好奇地在心中发出疑问：这到底是一艘怎样的船？他们后来又遇到了什么？解决了吗？学生带着这些问题饶有兴趣地阅读原著，在交流分享课上娓娓道来。影视剧以其画面的直观性，对学生更有冲击力。既读名著，又看影视，名著阅读的收获要显著很多。名著阅读教学是一个需要教师系统巧妙的教和学生细致真实的学的过程。我们要整体规划，设计有意义的阅读任务，同时根据学情搭建适当的阅读支架，有品质地推进教学高效完成，这样学生才能从容应对名著阅读测评。

活动性。2022年版义务教育语文课标指出"语文是一门学习语言文字运用的综合性、实践性课程。应使学生初步学会交流沟通，吸收古今中外优秀文化，提高思想文化修养，促进自身精神成长"。名著是古今中外优秀文化最集中的载体，因此教师的重要工作是精心设计丰富多彩的语言实践活动，尽可能地增添趣味性、语文味，来驱动学生持续有效地阅读名著。以活动为抓手，寓教于乐，全面提升学生语文素养。从心理学的角度看，阅读是经典输入，活动是内化输出，有了输入与输出的双向转换，学生才能真正走进作品，走进作者丰富深刻的内心世界。初中阶段学生更倾向于感性思维，对于生动、活泼、直观的事物更感兴趣。根据这一特点，教师在名著教学中可以适当引入一些影视片段，以此激发学生的阅读兴趣。很多世界名著都被改编成影视作品，如我国的四大名著多次被改编成电影和电视剧，影视片段能够营造生动、感人、直观的名著欣赏情境，通过精彩的影视片段激发学生探究名著作品来龙去脉的好奇心，以此激发学生的名著阅读积极性。譬如，在《三国演义》教学中，教师可以将电视连续剧《三国演义》中学生感兴趣的片段做成短视频，单独为学生播放，学生被电视剧片段所吸引，进而更深入阅读《三国演义》的兴趣，这就起到了激发兴趣和引导的作用，有利于学生主动参与到名著阅读中。

阅读名著，品味书香，陶冶性情，升华思想。在初中语文名著教学中，教师要以激发学生阅读兴趣为切入点，引导学生掌握正确、高效的名著阅读技巧，进而培养学生良好、持久的阅读习惯。通过大量的名著阅读提升学生的人文素养，学生的社会责任感得到激发，最终达到在阅读中传承人类优秀文化，在内心深处关注社会和人类命运的目的。名著项目化学习要运用驱动性、支架性、活动性三大策略，它是阅读真实而扎实、精细而精深的致胜法宝。

"问渠那得清如许，为有源头活水来"，项目化学习就是这池活水，它给名著阅读带来无限动能和光亮。名著阅读已成为热点与重点，而项目化学习正好能补缺传统教学中学生动能不足的短板，给名著阅读带来开放的、综合的、多元的体验，也能发挥教师在语文课程中的建构性作用。最有魅力的是，在这个过程中，学生不是被动接受，而是主动参与建构。学生收获的不仅是书本知识，也锻炼了倾听、合作、思辨等多重能力，真正落实学生的主体地位。名著阅读的项目化学习是一条引领学生通向未来的新航道，还需我们在实践中不断总结与改进。

（徐丽　青海省西宁市第七中学）

项目化学习方法在培养学生
核心素养上的行动路径

——以语文综合性单元教学实践为例

《义务教育语文课程标准（2022 年版）》如何落实到课堂上，需要老师驾驭概念"丛林"，从而规避缺少经验、无从下手的现实问题。项目化学习恰好为核心素养与新课程标准有机融合提供了有效的教学路径。

一、项目化学习为落实新课程标准找到行动路径

以往语文学科教学在教学过程中更注重知识点教学，缺少明确的学科育人目标，在培养学生核心素养方面，体现在重知识学习轻实践运用;在学校和教师层面，体现为缺乏在学情基础上对教材进行校本化、生本化的生成性探索。项目化学习恰好为学生核心素养的培育提供了行动路径。

2022 年版新课程标准要求语文课堂教学要把"以讲授为中心"转变为"以学习者为中心"，要从"以知识为本"的知识类教学转变为"以核心素养为本"的能力素养类教学。

项目化学习实现了学习方式和教学模式的变革路径。核心素养培育的落实不仅仅是教学内容的选择和变更，更是要深刻理解如何学习。九年级下册第三单元《岁月如歌》综合性学习体现了不同于传统教学模式的项目化学习方式。传统的教学注重"教"的过程，而项目化学习引导学习者回归学习的本质，学习过程是对问题的探索。传统的课堂学习是在教学过程中把外部世界的知识装进脑袋里，指向核心素养构建的项目化学习是学习者在持续的自我发现问题和自主解决问题中，探索世界，认知自我，发展理性，培养价值观、必备品格和关键能力。

在这个过程中，项目化学习以任务群的方式提供了学习路径的支持，让学习者既能够在已有知识体系的基础上对新知识、跨学科知识有深入的探索，又能够实现建构自己核心素养和精神家园的目标，这一路径体现的是"学习"的本意。

以九年级下册第三单元《岁月如歌》项目化教学设计流程对比表为例：传统的课堂最终实现的是老师动脑设计教学的全过程、全流程，而采取项目仕教学的课堂是学生素养在不同情境和空间的迁移，是学习力和创造力的结合。

《岁月如歌》教学设计对比表

	基于 2011 年版课程标准的课堂《岁月如歌》学习	基于 2022 年版课程标准的课堂《岁月如歌》学习
组织流程	1. 三维目标 2. 学习重点 3. 学习难点 4. 导入新课 5. 课内探究 6. 作业呈现	1. 项目主题 2. 项目简介 3. 设计背景 4. 项目目标 5. 驱动问题 6. 项目实施 第一阶段：项目组任务分工和制定方案，团队评价机制。 第二阶段：微电影、微视频剧本写作和拍摄阶段，团队评价机制。 第三阶段：后期展示、展评推广，团队评价机制。 7. 项目反思
实现路径	教师组织课堂活动	项目驱动 学习任务群 过程性评价
达成目标	语文素养	学生核心素养

通过对基于不同课标教学设计的对比表我们可以发现，两者在课程的组织流程、实现路径、达成目标上有着根本的不同，2022 年版课程标准侧重于从语言文字到语文课程，从语文素养到学生核心素养的发展，凸显了语文课程的独特地位和育人价值。

二、项目化学习为教学过程中客观自主评价提供了行动路径

以九年级下册第三单元《岁月如歌》项目化教学三个不同阶段的评价为例：在《岁月如歌》项目化教学整个学习任务群完成的过程中可综合运用多种评价方法，增强评价的科学性、整体性。可通过课堂观察、对话交流、小组分享、学习反思等方式，收集和整理学生学习过程中的生成性表现，重视增值评价，关注学生个体的能力素养提升，同时倡导学科融合，把学生参与社会实践、跨学科主题活动

的表现纳入评价范畴，着重考察学生在真实情境中表现出的情感态度和语言能力、合作力、创造力等综合能力素养。

《岁月如歌》项目化学习三个阶段的评价量表

《岁月如歌》项目化学习第一阶段团队评价量表			
评价内容	A类4分	B类3分	C类2分
项目分工	小组分工合理，职责明确，能取长补短，进度明确。	小组分工较为明确，有职责分工，进度符合拍摄要求。	小组分工不明确，职责未写清楚，拍摄进度不符合拍摄要求。
自评得分			
他评得分			
师评得分			
综合得分			

《岁月如歌》项目化学习第二阶段团队评价量表				
	评价标准	A类4分	B类3分	C类2分
剧本主题选择	听取项目组汇报剧本主题写作情况	主题明确且有特色，微电影所展示的内容能够紧扣话题，逻辑思路清楚。	主题较明确，基本做到紧扣话题。	主题不明确，观点陈述简单。
微电影拍摄	项目组展示微电影	任务描写能准确运用素材，合理使用设备，体现了拍摄的技巧，画面色彩、音乐选择恰当，技术使用效果好。	比较准确使用素材，拍摄效果简洁，色彩、音乐、画面使用比较合理。	素材使用单一，拍摄技巧使用表述不清楚。色彩、音乐、画面使用简单。
自评得分				
他评得分				
师评得分				
综合得分				

《岁月如歌》项目化学习第三阶段团队评价量表			
评价标准	A 类 4 分	B 类 3 分	C 类 2 分
后期 推广 小组	推广文案详细，逻辑性强，推广措施具体详实，组织效果好。	有推广文案，有推广措施，推广影响力一般。	推广文案简单，措施单一，推广效果小。
微视频点赞量和点击量、推广转发量。	点赞量高，师生知晓率高，获得 100 个及以上赞。	有一定的点赞量，家长和朋友为微电影点赞，获得 50—100 个点赞。	点赞量少，获得 10 个点赞。
自评得分			
他评得分			
师评得分			
综合得分			

通过上述三个阶段的评价表我们可以看出项目化学习过程尊重学生客观、自主、科学的评价方式，合理使用评价工具，注重鼓励学生制定评价标准，激发学生学习积极性。

在设计评价量表、小组汇报过程中实现学生的分阶段评价。评价过程中引导学生充分考虑团队和个体的评定，同时合理使用评价工具。注意观察小组成员的分工方式、讨论程序和对不同意见的处理，借助评价引导学生反思学习过程。

全过程关注学生知识基础、认知过程、思维方式、态度情感等方面的表现，深入分析这些表现及其影响因素，同时及时给予有针对性的指导。

三、项目化学习是以学生为主体实现核心素养提升的有效行动路径

以《岁月如歌》项目化教学过程中小组建设为例，该综合性学习过程首先是考虑几个核心要素的构建。例如由谁确定小组？项目任务需要多少人？每个人的能力素养生成点怎么确定？教学过程中项目学习小组在充分讨论的基础上确定该阶段的项目任务：

组建项目小组，拟定拍摄方案。

1.**任务目的**：组建项目小组，为拍摄微电影、微视频做前期准备。

2.项目团队制定团队分工并确定拍摄方案。拍摄方案将作为评选"活动最佳小组"的依据。

"岁月如歌 欢歌笑语话成长"抖音微视频拍摄项目团队分工表	
项目负责人工作职责：组建项目小组，确定拍摄主题，合理分工，统筹进展。	
剧本书写小组成员工作职责	撰写本项目组微电影、抖音微视频剧本。挖掘成长素材，写好成长故事。
拍摄小组成员工作职责	注意拍摄的技巧，利用滤镜、美颜、特效功能，画面要美观。音乐要适合主题。
后期推广小组工作职责	设计推广方案，使得该项目组拍摄的微电影或微视频推广效果好。

3.注意事项：

（1）由学生小组推选项目负责人，并确定拍摄方案。

（2）方案紧扣主题"岁月如歌 欢歌笑语话成长"，用镜头述说成长故事，要畅所欲言，分享快乐。例如：说一些同学之间、师生之间发生的轶闻趣事。

（3）全体同学都要参与到各项目小组中，根据个人能力承担不同的工作。

实践过程中教师引导学生通过项目小组合作完成任务。小组的分组以及组长的产生，都是通过一个个活动产生，全过程弱化教师的人为控制因素。分组选组长的过程，渗透了朴素的民主精神，让学生体验了个人意见和多数人意见之间该如何协调。在小组合作中，有些平时在分科学习中表现并不突出的学生，在小组活动中却很活跃，甚至还担任了组长。

总而言之，项目化学习为实现学生核心素养提供了有效的行动路径，落实了2022年版语文新课标理念，促进了语文课程改革理论与实践相融合。

（黄剑　西宁市南川西路中学）

参考文献：

［1］赵雪梅.新课标视域下的微课程教学法实验——以统编版二下语文《蜘蛛开店》为例[J].中国信息技术教育，2022.

［2］魏涛，马勇军.《新旧版语文课程标准比较分析》[J].教学与管理，2022.

SHI JIAN PIAN

实 践 篇

岁月如歌，欢歌笑语话成长

九年级下册第三单元综合性学习
《岁月如歌》项目化学习教学设计

【项目简介】

本项目化学习教学设计是针对九年级下册第三单元综合性学习《岁月如歌》的教学实践。全过程引导学生采取项目化的方式完成初中三年成长印记的回顾、总结和展示。设置"微时间、微故事"等教学情景，将文案创意，美学元素和镜头艺术进行融合展示。以拍摄微电影、抖音微视频等同学们喜闻乐见的方式讲述成长故事。在项目化实践过程中，以文案和剧本的撰写为基础，激励项目小组进行深度讨论和沟通，锻炼学生的组织协调能力、策划统筹能力、剧本撰写能力、文案创意能力。

【设计背景】

一、课标依据

《义务教育语文课程标准（2022年版）》明确提出，要求语文学科要立足学生的核心素养发展，充分发挥语文课程的育人功能；构建语文学习任务群，注重课程的阶段性与发展性；突出课程内容的时代性和典范性，加强课程内容整合。增强课程实施的情境性和实践性，促进学习方式变革：义务教育语文课程实施从学生语文生活实际出发，创设丰富多样的学习情境，设计富有挑战性的学习任务，激发学生的好奇心、想象力、求知欲，促进学生自主、合作、探究学习，引导学生注重积累，勤于思考，乐于实践，勇于探索，养成良好的学习习惯，鼓励自主阅读，自由表达，多读书读好书，读整本书，注重阅读引导，培养读书兴趣，提高读书品位；充分发挥现代信息技术的支持作用，拓展语文学习空间，提高语文学习能力，落实学生核心素养。

二、教材依据

《岁月如歌——我的初中生活》是语文九年级下册第六单元"综合性学习·写作·口语交际"的话题，是依据课程标准编制的综合性实践活动。从教材的编写意图来看，学生通过这次活动，总结三年来初中学习、生活的得失，增进友谊，促进班集体团结向上，为更高阶段的学习奠基，同时锻炼写作、口语交际能力，以及学生的组织能力和策划能力，达到提升学生核心素养的目的。

三、现实依据

本综合实践活动内容丰富，选择范围大，通过回忆初中三年生活，讲述三年来同学、师生间难忘的事，重在引导学生感受集体生活的温暖，教育学生感恩母校，感谢教师的培育之恩。通过开展活动让学生在回顾初中生活的同时，提升语言文字运用能力，为即将结束的初中生活留下文字的记忆。该项目将融合语文知识，如文稿撰写、剧本编排，美术知识如美工设计，以及信息技术知识如抖音微视频拍摄等多学科综合开展。

【项目学习目标】

1. 回顾初中时光，增进彼此情谊，感受集体温暖，培养感恩之心。

2. 撰写剧本，拍摄"岁月如歌"主题微电影、抖音微视频，培养语言运用、思维能力和创新能力。

3. 通过跨学科学习，拓宽语文学习和运用领域，培养运用多学科知识解决问题的能力。

【驱动问题】

制作主题为班级成长的微电影或抖音微视频讲述成长故事。

【项目实施】

第一阶段：项目组任务分工和制定方案

项目启动：

生：时光匆匆，我们的初中生活，即将结束，它将划上什么样的标点符号？它将是一个圆满的句号，酸甜苦辣的滋味，我全都品尝到了。它将是一个浓重的感叹号，充满热烈与激情的三年，我统统难以忘怀！它将是一个绵延的省略号，乐与忧，喜与伤，都那么的欲说还休。它将是一个递进的破折号，我们一起并肩走过的日子——将继续温暖往后的岁月。

师：岁月如歌，接下来，让我们通过几组活动，一起梳理我们的共同时光。

任务一：教师提供拍摄微电影、微视频前期学习资料

（一）任务目的：通过引导学生观看有关毕业和成长主题的电影和书籍，有意识地培养学生收集成长素材，编写剧本的能力，为完成微电影、微视频的拍摄打下技能基础。

（二）可选择观看学习的资料：

影视作品：《毕业生》《花季雨季》《青春万岁》

歌曲：《同桌的你》《毕业歌》《校园的早晨》《青春曲》《校园，知识的摇篮》

书籍：《青春之歌》杨沫、《花季雨季》郁秀、《青春万岁》王蒙

任务二：拟定拍摄方案。

（一）任务目的：为拍摄微电影、微视频做前期准备。

（二）项目团队制定拍摄方案。拍摄方案将作为评选"活动最佳小组"的依据。

"岁月如歌 欢歌笑语话成长"抖音微视频拍摄项目团队分工表	
项目负责人工作职责：组建项目小组，确定拍摄主题，合理分工，统筹进展。	
剧本撰写小组成员工作职责	撰写本项目组微电影、抖音微视频剧本。挖掘成长素材，写好成长故事。
拍摄小组成员工作职责	注意拍摄的技巧，利用滤镜、美颜、特效功能，画面要美观。音乐要适合主题。视频的剪辑和发布。
后期推广小组工作职责	设置推广方案，该项目组拍摄的微电影或微视频推广效果好。
注意事项： 1. 由学生小组推选项目负责人，并确定拍摄方案。 2. 紧扣主题：该环节要紧紧围绕"岁月如歌 欢歌笑语话成长"主题，说同学之间、师生之间发生的轶闻趣事，用镜头述说成长故事，要畅所欲言，分享快乐。 3. 全体同学都要参加到各项目小组中，根据个人能力承担不同的工作。	

任务三：由老师和评价小组对第一阶段各项目小组的完成情况进行评价。实行团队评价机制。

<table>
<tr><td colspan="4" align="center">第一阶段团队评价量表</td></tr>
<tr><td>评价标准</td><td align="center">A 类 4 分</td><td align="center">B 类 3 分</td><td align="center">C 类 2 分</td></tr>
<tr><td></td><td>小组分工合理，职责明确，能取长补短，进度明确。</td><td>小组分工较为明确，有职责分工，进度符合拍摄要求。</td><td>小组分工不明确，职责未写清楚，拍摄进度不符合拍摄要求。</td></tr>
<tr><td>自评得分</td><td></td><td></td><td></td></tr>
<tr><td>他评得分</td><td></td><td></td><td></td></tr>
<tr><td>师评得分</td><td></td><td></td><td></td></tr>
<tr><td>综合得分</td><td></td><td></td><td></td></tr>
</table>

第二阶段：微电影、微视频剧本写作和拍摄阶段

任务一：确定项目组剧本主题

（一）采访表述类：主持人现场采访

说说你在三年里碰到的最高兴或印象最深刻的事。

（高兴的事，大家分享快乐。说到"不愉快的事"时，要分析"不愉快"的原因，当"不愉快的事"涉及人，或同学，或老师时，提倡"化解矛盾""消除隔阂"，在适当的场合握手言欢。）

总结你在学习、交往、个人生活和家庭生活等方面的得失。

（二）特定主题类：选择特定的活动拍摄微电影

老师、同学和家长，共话成长经历。可以选择军训、考试、比赛等特定活动内容。

任务二：各项目组进入微电影或微视频剧本写作和拍摄阶段。

<table>
<tr><td align="center">具体环节</td><td align="center">教学活动和学生学习要求</td></tr>
<tr><td align="center">环节一：任务驱动</td><td>1. 各项目组召开项目会议，确定主题、导演、剧本、拍摄、美工、推广、技术等具体人员。
2. 教师邀请美术信息技术教师联合教学。</td></tr>
<tr><td align="center">环节二：模拟拍摄</td><td>1. 展示剧本，听取意见。
2. 项目组试拍摄，并复盘研究。</td></tr>
<tr><td align="center">环节三：正式拍摄</td><td>项目组在教师或家长的指导下进行正式拍摄。</td></tr>
</table>

任务三：由老师和评价小组对第二阶段各项目小组完成情况进行评价。实行团队评价机制。

第二阶段团队评价量表			
	A类4分	B类3分	C类2分
剧本主题选择	听取项目组汇报剧本主题写作情况	主题明确且有特色，微电影所展示的内容能够紧扣话题，逻辑思路清楚。	主题较明确，基本做到紧扣话题。	主题不明确，观点陈述简单。
微电影拍摄	项目组展示微电影	任务描写能准确运用素材，合理使用设备，体现了拍摄的技巧，画面色彩音乐选择恰当。技术使用效果好。	比较准确使用素材，拍摄效果简洁，色彩音乐画面使用比较合理。	素材使用单一，拍摄技巧使用表述不清楚。色彩音乐画面使用简单。
自评得分			
他评得分			
师评得分			
综合得分			

第三阶段：后期展示展评推广

任务一：成果展示，微电影展示展评推广。

各项目组展示微电影、微视频。由评价小组综合评定。

具体环节	教学活动
环节一：确定评比方案	1. 执行评比方案 2. 根据推广方案看点击量和浏览数。
环节二：各项目组拍摄微视频展示	项目组展示微视频，并探讨交流视频拍摄方法及得失。
环节三：落实后期推广方案	项目组继续进行后期推广。

任务二：由老师和评价小组对第三阶段各项目小组完成情况进行评价，实行团队评价机制。

第三阶段团队评价量表			
	A类4分	B类3分	C类2分
后期推广小组	推广文案详细，逻辑性强，推广措施具体详实，组织效果好。	有推广文案，有推广措施。推广影响力一般。	推广文案简单，措施单一，推广效果小。
微视频点赞量和点击量、推广转发量。	点赞量高，师生知晓率高，获得100个及以上赞。	有一定的点赞量，家长和朋友为微电影点赞，获得50-100个赞。	点赞量少，获得10个点赞。
自评得分			
他评得分			
师评得分			

综合得分			

任务三：个人创作成果评价表

评价标准	有团队领导力（5分）	方案适合（5分）	进度合适（5分）	协调能力（5分）	合计（20分）
最佳组织					
评价标准	主题突出（5分）	内容符合实际（5分）	情节吸引人（5分）	点击率高（5分）	合计（20分）
评价标准	推广方案恰当（5分）	推广点击率高（5分）	推广手段多（5分）	组织有序（5分）	合计（20分）
个人成果评价等级	注：按照评价标准，由老师和学生进行评价赋分，总分都为20分。推选名额：最佳组织1名。最佳剧本1名，最佳推广1名。				

【项目反思】

（一）教师：本项目化教学通过拍摄"微电影、微视频"手段引导学生对其三年来的有关学习、生活等各种资料进行"深加工"，让学生重温初中生活的欢乐与美好，在交流中锻炼写作、口语交际能力，并最终以学生最喜欢的方式展现，起到了积极的引导作用。在过程与方法环节创设了一个学生自我展示的空间，让学生的语文知识和语文能力的综合运用得到表现。通过营造一个情意融融、心灵相通的环境氛围，让学生重温初中生活的欢乐与美好，体验合作与成功的喜悦，培养学生热爱生活的情感。

该项目学习方案最重要的设计亮点就是打通了教材、学生能力、学生兴趣点之间的环节，是对学生素养和能力的重要考验。

（二）学生：学生对相关资料的收集、分析，将学生兴趣、能力或素养三个维度有机结合，引导学生总结自己的生活和学习，明确得与失，正视生活，正视人生，正确面对昨天、今天与明天。

（三）评价：教师和学生在活动组织和准备方面要精心策划。评价量表要考虑多重因素，评价环节要考察小组的项目推广能力。

（黄剑　青海省西宁市南川西路中学）

强国有我，争做中华好儿郎

九年级上册第二单元综合性学习
《君子自强不息》项目化学习教学设计

【项目简介】

"天行健，君子以自强不息，地势坤，君子以厚德载物"，中华民族是历经磨难、不屈不挠的伟大民族，中国人民是勤劳勇敢、自强不息的伟大人民，中国共产党是敢于斗争、敢于胜利的伟大政党。建党百年之际，天安门前"请党放心、强国有我"的铮铮誓言是青年一代向党致以青春礼赞的一份庄严承诺。身为新时代的一辈，更应该珍惜来之不易的生活，继承一代代中华儿女的红色基因，传承红色精神，少年的我们心生无畏，纵使雄关漫道真如铁，少年的我们仍会迈步勇向前。本项目任务有三项，认识自强不息的精神内涵、寻找自强不息的人物，完成以"自强不息"为主题的演讲稿，并举行班级演讲比赛。学生需要在认识内涵中提炼观点，在人物故事中积累素材，在完成演讲稿中进行材料的选择、结构的安排、语言的感染力等，用一篇篇文章表达对祖国的赤子之心。

【项目时长】

一周

【设计背景】

一、课标依据

《义务教育语文课程标准（2022年版）》课程理念中明确要立足学生核心素养发展，充分发挥语文课程育人功能义务教育语文课程围绕立德树人根本任务，以促进学生核心素养发展为目的，以识字与写字、阅读与鉴赏、表达与交流、梳理与探究等语文实践活动为主线，综合构建素养型课程目标体系；以生活为基础，以语文实践活动为主线，以学习主题为引领，以学习任务为载体，整合学习内容、情境、方法和资源等要素，设计语文学习任务群。强调内容的典范性，精选文质兼美的作品，重视对学生思想情感的熏陶感染作用，重视价值取向，突出社会主义先进文化、革命文化、中华优秀传统文化。

二、教材依据

新课标要求阅读简单的议论文，能区分观点与材料（道理、事实、数据、图表等），发现观点与材料之间的联系，并通过自己的思考，作出判断。本单元都是议论性文章，或谈人生，或议社会，或论教养，都鲜明地表达了作者的观点，闪耀着思想光芒。在学习过程中要注意了解议论性文章的特点，把握作者的观点，区分观点与材料,理清论证思路,学习论证方法。《语文》九年级上册第二单元的《君子自强不息》，属于传统文化类综合性学习活动。教材一开篇就明确地指出"天行健，君子以自强不息"，是我国传统文化的精髓，也是中华民族生生不息的精神源泉之一。在学习议论文的基础上进行演讲稿的撰写，以及演讲比赛。

三、现实依据

在新课标中要求课程内容要注重弘扬讲仁爱、重民本、守诚信、崇正义、尚和合、求大同等核心思想理念；弘扬有利于促进社会和谐、鼓励人们向上向善的中华人文精神；弘扬自强不息、敬业乐群、扶危济困、见义勇为、孝老爱亲等中华传统美德。新时代的中学生更要认识自强不息的精神内涵，志存高远，脚踏实地，勇做时代的弄潮儿。围绕着"自强不自"这一中华传统美德主题，本人设置了三类小组合作活动，涵盖了阅读、调查走访、材料搜集与整合、讨论交流、写作、成果分享等多种形式的实践活动，既充分发挥了学生主体作用，又突出了教师在活动前后及过程中的参与、指导作用；让学生对自强不息精神既内化于心，又外化于行，并持之以恒。

【项目学习目标】

1. 根据"君子自强不息"主题要求，利用图书馆和网络等资源检索，并能进行筛选和分类；绘制思维导图，以关键词形式概括提炼出自强不息的精神内涵。

2. 积累与自强不息相关的名言警句、诗词等，能讲述一则典型的自强不息人物故事，培养语言运用能力。

3. 小组分工合作，搜集资料，交流分享，完成演讲稿的撰写，并在班级演讲。

学生在充分展示自我的过程中，培养听说读写能力。

【驱动问题】

如何认识自强不息的精神内涵并以演讲比赛的方式展示

【项目实施】

第一阶段

项目准备：

1.项目活动小组划分：分为八个小组，每小组6-7人

组号	1	2	3	4	5	6	7	8
名称	自强	自勉	自信	自立	奋发	顽强	拼搏	坚韧

2.各组分工及任务

组别	任务1	任务2	任务3	任务4
1-8	搜集名言、格言、诗词	提取关键词	绘制思维带图	搜集人物故事

项目准备评价量表

项目小组名称 ＿＿＿＿＿＿＿＿

评价等次	优秀	合格	不合格
评价标准	1. 资料的搜集、阅读与整理过程中，小组有明确分工，全员参与并各司其职。 2. 提取出不少于3个关键词，经充分讨论后小组能绘制一幅思维导图。 3. 人物故事选取恰当，重点突出。	1. 资料的搜集、阅读与整理过程中，小组有分工，基本能做到全员参与并各司其职。 2. 提取出不少于3个关键词，经充分讨论后小组大致能绘制一幅思维导图。 3. 人物故事选取恰当，重点基本突出。	1. 资料的搜集、阅读与整理过程中，小组分工不明确，参与率低。 2. 提取不出3个关键词，经讨论后小组不能绘制一幅思维导图。 3. 人物故事选取不恰当，重点不突出。
小组自我评价			
小组互评			

第二阶段

项目活动1：各抒己见—解说自强不息的精神内涵

项目内容：各组代表展示绘制的思维导图，并阐述本组探究的自强不息的精

神内涵，每组展示时间为 4-5 分钟。

评委：各组选出一名同学担任评委

思维导图展示及自强不息精神内涵阐述活动评价量表

参赛小组名称 ＿＿＿＿＿＿＿　　　　评委 ＿＿＿＿＿＿

评价等次	优秀	合格	不合格
评价标准	1. 关键词（不少于 3 个）提炼准确、无歧义。 2. 思维导图主题鲜明，布局合理，线条流畅，颜色对比明显和谐、分支不同颜色不同，书写工整，合理运用符号、图标。 3. 表达流利、有条理，声音洪亮，且时间把控在 4-5 分钟以内。	1. 关键词（不少于 3 个）提炼准确、无歧义。 2. 思维导图主题鲜明，布局合理，线条流畅，分支不同颜色不同，书写较工整，运用符号、图标。 3. 表达不够流利、有条理，声音洪亮，时间把控在 4-5 分钟以内。	1. 关键词提炼不准确。 2. 思维导图主题鲜明，布局不合理，线条混乱，书写潦草。 3. 表达不流畅，展示时间太短（低于 2 分钟）。
评价分值	24-30	18-23	18 及以下
得分			

项目活动 2：故事驿站—走进自强不息人物

项目内容：每组选择一名同学讲述自强不息人物的故事，时间控制在 3 分钟以内

评委：各小组推选一名同学担任评委

"自强不息"讲故事比赛评价量表

参赛小组名称 ＿＿＿＿＿＿　参赛学生 ＿＿＿＿＿＿　评委 ＿＿＿＿＿＿

评价项目	评价指标	赋分	得分
故事内容	紧扣主题，内容具体，情节完整。	20	
表达能力	语言表达流畅，条理清楚，语速适当，吐字清晰。	40	
现场效果	表演生动，感情充沛，动作恰当，有较强的现场感染力。	30	
仪表形象	衣着整洁，仪态大方、举止自然得体。	10	
合　计			

总结：古今中外，无论是名人雅士还是普通人，虽然他们时代不同，地域不同，职业不同，身份地位不同，他们有各种不同，但是他们都以自己的方式给了"自

强不息"最生动的注解,给了"君子"最丰厚的诠释。自强不息,有原则(奉公守法),有刚性(坚韧坚持),有人格(克己自尊),有追求(修身齐家治国平天下)。自强不息不只是修炼自我,实现自我,它还内蕴着"齐家治国平天下"的人生理想。

第三阶段

项目活动1:以"自强不息"为话题,在班级内组织一次"强国有我,争做中华好儿郎"演讲比赛。

1.确定演讲主题。根据前面活动中得出的认识,围绕"自强不息",确定几个演讲主题。比如:

我的"中国梦"　　志当存高远　　勇做时代的弄潮儿

论不屈不挠　　　放飞青春梦想　不可知难而退

2.组建演讲团队。根据兴趣,自由组合,分别组建"我的"中国梦""志当存高远"等若干个话题组。小组内成员分工合作,搜集资料,交流分享,完成演讲稿的撰写。

3.演讲稿撰写指导

(1)演讲稿的特点:针对性;鼓动性;口语化

(2)演讲稿的结构和写法

演讲稿的正文一般由开头、主体、结尾三部分组成。

开头:演讲稿的开头,又叫开场白,一般说来要开门见山。开头写得好,就能先期征服听众,使他们有兴趣听下去。或先交代宗旨,为什么要讲,讲什么,使听众心中有数,为后面的演讲奠定基础;或引古诗名言、名人趣闻,然后借题发挥;或提出问题,然后作答。总之,开头应抓住听众,使其非听下去不可。一句话点明了演讲的主题,唤起人们思索,吸引了听众。

主体:演讲稿主体的结构,常见的有:并列式:就是每个问题分开论述,最后归纳。如毛泽东同志《在延安陕北公学鲁迅逝世周年大会上的讲话》一文,对鲁迅的一生概括了三点:"他的政治远见"、"他的斗争精神"、"他的牺牲精神"。层进式:即层层深入地论述,或由小及大,或由表及里,或由此及彼,层层逼进,造成波澜。抑扬式:即采用抑扬手法,使演讲曲折变化。对比式:把两种不同的意见,两种不同的情况,进行对比。

结尾的方法:

归纳总结式：即在最后总结归纳自己的见解、主张，强化演讲中心。号召式：即在演讲结束时，提出希望要求，发出号召。启发式：即在结尾时，不把话说尽，使之留有思考的余地。演讲稿的结尾，应当是全篇的高潮和顶峰：归纳总结式要力求最后一次打动听众，使他们激动、奋起，语言斩钉截铁，言已尽而力无穷：启发式结尾可留下意味深长的话，言虽尽而情意长。

项目活动2：演讲比赛——"强国有我，争做中华好儿郎"

项目评委：本年级语文教师3—5名

"强国有我，争做中华好儿郎"演讲比赛评价量表

选手组名：_____ 选手姓名：_____ 评委：_____

评价项目	评价指标	分值	得分
演讲内容	1. 能紧紧围绕主题，观点正确、鲜明。	10分	
	2. 材料真实、典型、新颖，事迹感人、事例生动，具有普遍意义，体现时代精神。	15分	
	3. 讲稿结构严谨，详略得当，构思巧妙，引人入胜。	10分	
语言表达	4. 演讲者语言规范，吐字清晰，声音洪亮。	10分	
	5. 演讲表达准确、流畅、自然。	10分	
	6. 语言技巧处理得当，语速恰当，语气、语调、节奏张弛符合思想感情的起伏变化。	15分	
形象风度	7. 演讲者精神饱满，能较好地运用动作、手势、表情，表达对演讲稿的理解。	15分	
	8. 演讲者着装朴素，端庄大方，举止自然得体，富有艺术感染力。	5分	
演讲效果	9. 演讲具有较强的感染力、吸引力和号召力，能较好地与听众感情融合在一起，营造良好的演讲效果；演讲时间控制在6分钟之内。	10分	
总计			

【项目反思】

开展"强国有我 争做中华好儿郎"项目化学习，学生充分展示了自我，做到了学习和生活实践相结合，领会了自强不息蕴含的丰富文化内涵。在学习过程中大部分学生都能够积极参加活动，在资料整理中能通过文本、图片、视频等资源获取综合性学习活动的资源；在分享故事环节，学生能够生动讲述故事，并能有一定的思考；在演讲环节，学生在充分展示自我的过程中，学生的听、说、读、写能力得到了提升。学生积极参与、合作完成此项目，参与的过程就是自我诊断

调整、小组修改提升、生生和谐共同发展的过程。

　　本次项目化学习在整个教学流程中，以目标为引领、以评价为导向，把教师的教、学生的学、学习的评之间进行深度嵌套和协同配合，构成一个完整、有效的课程教学系统。落实了教学评一体化。但部分学生还是不能够适应这种学习方式，课堂表现相对拘谨，可见在课堂教学时，不可忽视学生语文综合实践能力的培养，在今后的教学中应该关注学生的个性差异，给学生提供解决问题的办法，及时调控活动进程，确保活动顺利完成。

（徐丽　青海省西宁市第七中学）

一颦一笑，举手投足见精神

七年级下册第一单元《写出人物的精神》
项目化学习教学设计

【项目简介】

本项目紧密联系《义务教育语文课程标准（2022年版）》，紧扣语文教材，通过学生、教师、家长三方的联动合作，学生之间的小组合作，贯通课堂内外，使学生多方面完成学习任务，提高写作素养。

本项目所设计的三个项目，分别从人物肖像描写、人物事件描写、人物精神描写三个方面循序渐进、逐渐上升地进行阶梯式任务设计，降低了写作难度，运用小作文的形式提高了学生的写作兴趣和写作成效。项目任务四是前三个项目的整合，前三个项目任务是项目任务四的作文素材，有了作文的骨骼与血肉（前三个项目），才能完成一篇有色彩神韵、丰富感情的人物作文（项目任务四），达到写人既重视外在特征，又能把握内在精神，使得所写人物成为活灵活现、有血有肉的人，使学生在本项目的学习中，离语文素养、语文精神更进一步。每一个项目任务后都设计了学习评价表，不仅是学生认真完成任务项目的指向标，也是帮助学生反思学习效果与学习方法，学习工具旨在提高学生的学习能力和写作能力。

本项目所设计的作文展示环节，帮助学生有效利用多媒体技术，采用学科融合的方式，运用文配乐、图配文、设计绘本、制作视频等方式方法，帮助学生多途径、多角度地展示作品，让作品散发出不一样的光彩，使得语文学习更加寓教于乐。

【项目时长】

一周

【设计背景】

一、课标依据

《义务教育语文课程标准（2022 年版）》提出，语文课程致力于全体学生核心素养的形成与发展，为学生学好其他课程打下基础；为学生形成正确的世界观、人生观、价值观，形成良好个性和健全人格打下基础;为培养学生求真创新的精神、实践能力和合作交流能力，促进德智体美劳全面发展及学生的终身发展打下基础。

《义务教育语文课程标准（2022 年版）》同时提到，写记叙性文章，表达意图明确，内容具体充实。注重写作过程中搜集素材、构思立意、列纲起草、修改加工等环节，提高独立写作的能力。根据表达的需要，借助语感和语文常识修改自己的作文，做到文从字顺。能与他人交流写作心得，互相批改作文，以分享感受，沟通见解。

二、教材依据

人物描写，就是以文字具体描绘出人物的形象。描绘人物不只是人物的身材、体态、容貌、表情、服饰，还包括人的内在气质和精神风貌等。写人物的理想境界是将外在表现和内在精神合二为一。画龙点睛式的人物写作，还需要对人物细心的观察、细节的描写、细致的探究，等等。所以本设计融合了三个写作教学，分别是：七年级上册第三单元写作《写人要抓住特点》，七年级下册第一单元写作《写出人物的精神》以及七年级下册第三单元写作《抓住细节》。

三、现实依据

七年级学生在人物写作方面面临的问题有以下几点：一是观察能力相对薄弱，无法快速找出除人物外貌的语言、神态等的典型特征；二是思维能力相对薄弱，无法将人物的外在表现和内在精神通过写作手法相联系，无法巧妙地运用多种修辞手法、写作手法等将人物表现得丰满立体；三是积累能力相对薄弱，学生的写人素材少之又少，使得人物写作空洞无物、流于形式。根据这些问题，本项目将人物教学模块重新组合，以阶梯形任务为导向，帮助学生逐步掌握人物描写的方法，将人物的外在表现和内在精神统一起来，使学生笔下的人物更让人眼前一亮、活灵活现。

【项目学习目标】

1.通过"画"肖像，学会抓住特征刻画人物，理解人物不仅要写出外在特点，也要注意写出内在精神。

2.通过叙温馨小事，学习如何捕捉生活的细节，将细节描写的生动，把握人物外在特点和内在精神之间的联系。

3.养成善于观察的习惯，通过主题写作描写人物的一颦一笑、举手投足来表现人物精神，培养学生语言表达和运用能力。

【驱动问题】

如何将"悠悠时光，收获不变的情"作文主题中的人物描写得活灵活现，具有真情实感？

【项目实施】

项目准备：全班同学分为六个小组，民主选出组长、联络沟通员、信息技术指导员，为组评、自评、家长评、成果展示做准备。教师将在线上线下同时发布任务，方便家长与学生共同合作。全班同学积累关于人物描写的好词好句，包括脸型与五官、头发与胡须、脸色与神情、体态与衣着、精神品质等，为片段作文、大作文的写作做充足准备。

第一阶段：穿越时光，遇见当年的她或他

项目任务一：穿越时光，遇见当年的她或他	
项目要求：请家长帮助同学们找一张画质清晰的父母年轻时候的照片，请同学们按照要求对年轻时的父母进行"画"像。	
被"画"像人物	父亲□　　　　　　母亲□　　　　（请在选项后打钩）
"画"外貌	
脸型与五官	
头发与胡须	
脸色与神情 （尤其注意眼睛）	
体态与衣着	
你认为你"画"的肖像最为特别的地方是？请说说原因。	

"画"肖像任务评价表				
	自评	组评	家长评	教师评
根据家长提供的照片，能进行具体地描写，不泛泛地叙述和描写，能抓住人物区别于他人的独特之处来写。（20分）				
描写能够运用多种修辞手法，如比喻、夸张、拟人等。（20分）				
语句通顺，语言表达准确，既合乎语法规范，又合乎逻辑。（20分）				
语言简明，活泼生动。（20分）				
好词好句所积累的词句有典型性、有效性，适合用于学生的写作之中。（20分）				
总分（100分）				
评价要求：在课堂上学生以小组为单位，有效运用小组同学积累的好词好句，对其他同学的描写进行点评、修改，完成项目任务评价表。选择本组优秀的作品进行课堂展示。				
评价说明：80分以上为优秀，60分—80分为合格，60分以下为不合格。				

第二阶段：点滴小事，感动现在的我

项目任务二：点滴小事，感动现在的我	
项目要求：回忆一件和父亲或母亲的温馨小事，简要叙述事件后，将事件的部分内容按照表格内容要求填写。	
事件简述（约100字）	
内容要求	
语言描写	
动作描写	
心理描写	
环境描写（景物描写）	
内在精神	

叙温馨小事任务评价表				
	自评	组评	家长评	教师评
叙事生动、简洁，语句没有语病。（25分）				
描写过程中恰当运用不同的修辞手法，如比喻、拟人、夸张等。（25分）				
在描写过程中，能将正面描写和侧面烘托运用其中。（25分）				
能从事件之中抓住人物的内在精神，并将内在精神恰当地总结出来。（25分）				
总分（100分）				
评价要求：在课堂上学生以小组为单位，对其他同学的描写进行点评、修改，完成项目任务评价表。选择本组优秀的作品进行课堂展示。				
评价说明：80分以上为优秀，60分—80分为合格，60分以下为不合格。				

第三阶段：回到当下，再见眼前的她或他

项目任务三：回到当下，再见眼前的她或他			
项目要求：请同学们仔细观察现在父母的相貌，并任选一人进行描写，并写出对于父母的样貌变化，你心中的感受。			
被"画"像人物	父亲□	母亲□	（请在选项后打钩）
"画"外貌			
脸型或五官			
头发与胡须			
脸色与神情 （尤其注意眼睛）			
体态与衣着			
你心中的感受是什么？			

"画"外貌任务评价表			
	自评	组评	家长评
能具体地进行相貌描写，不泛泛地叙述和描写，能抓住人物区别于他人的独特之处来写。（20分）			
描写能够运用多种修辞手法，如比喻、夸张、拟人等。（20分）			
语句通顺，语言表达准确，既合乎语法规范，又合乎逻辑。（20分）			
语言简明，活泼生动。（20分）			
内心的感受真实，不虚假（20分）			
总分（100分）			
评价要求：在课堂上学生以小组为单位，对其他同学的描写进行点评、修改，完成项目任务评价表。选择本组优秀的作品进行课堂展示。			
评价说明：80分以上为优秀，60分—80分为合格，60分以下为不合格。			

第四阶段："悠悠时光，收获不变的情"作文主题写作

阶段要求：学生结合前三个项目任务的小作文，运用多种写作手法，课后写出一篇与父母、与自己有关的作文。

	"悠悠时光，收获不变的情"作文主题写作项目评价表				
评价项目	评价标准	自评	组评	家长评	教师评
主题（20分）	切合题意，中心突出，思想健康，感情真切。				
内容（20分）	人物塑造突出人物个性（10分）				
	能抓住人物个性，运用正面描写、侧面描写相结合，运用对比、衬托等方法，塑造人物形象。（10分）				
语言（20分）	语言生动形象，语句通顺，没有语病。（10分）				
	运用多种修辞手法，表达生动。（10分）				
篇章（20分）	结构完整，层次清晰。				
书写（20分）	呈现方式整洁，富有新意；字体工整，书写规范。				
总分（100分）					
评价要求：在课堂上学生以小组为单位，对其他同学的描写进行点评，完成项目任务评价表。 评价标准：80分以上为优秀，60分—80分为合格，60分以下为不合格。					

第五阶段：作文成果展示

学生进行完"悠悠时光，收获不变的情"作文主题写作后，进行作文成果展示分享会。作文成果可以通过展板、绘本等形式进行展示与分享，也可以采用配音乐朗诵、配视频表演的形式，旨在帮助学生习得美妙语句，收获美的作品，感悟美的情感。

【项目反思】

在教学方面，以前我都是按照课本顺序依次进行教学，其中内容不免重复，教师讲解也多于学生练习，最后交上一篇作文草草结束，缺乏对学生写作的评价与反馈。有了以前的教学不足，本次项目化教学设计整合了人物描写的教学内容，使得教学更加流畅、一体；本次项目化教学设计充分体现了学生的主体地位，借鉴了翻转课堂，学生先课下写作，再课上评价，最后课下总结；本次项目化教学设计的成果评价也体现了学科融合，有部分学生的作文通过手绘绘本的形式进行呈现，不仅设计美观大方，思想情感上也表达了孩子对父母纯纯的爱。

在人物写作中，可选择的人物非常广泛，为了增强课堂的实效性和实用性，本次项目化教学设计以学生身边最普通又最特殊的两个人——父母为写作对象，降低了学生的观察难度，同时设计了好词好句的积累部分，提高了学生写作的积极性。对于这一年龄阶段的学生，与父母的情感是单一又矛盾的，复杂又单纯的，这样的写作设计更能表达学生对父母的真情实感。

在评价方面，针对每一个任务都有一个专门的评价量表，任务一和任务三的评价量表的不同之处是任务三增加了对真情实感的评价，真情实感是一篇好作文的必需品，更是一篇好作文的闪光点之处。

项目化写作以基础知识为设计根本，以进阶问题为设计之桥，以互动评价为设计之梁，让学生、家长、教师共同体验探索的乐趣、合作的乐趣、分享的乐趣。

（程晓林　青海省西宁市第一中学）

走进经典，且行且思撷菁华

八年级下册第三单元《学写读后感》
项目化学习教学设计

【项目简介】

学生通过阅读《昆虫记》，探索科学，增进对科学的了解；通过观察昆虫，了解昆虫生长环境并辨别昆虫；通过学习观察湿地中的昆虫及劳动实践获取昆虫相关知识；通过设计昆虫图谱，宣传科普知识；通过撰写《昆虫记》读书笔记，深入领会原文精神实质，对主题、昆虫、表现手法或某一感兴趣的问题等提出自己的看法，发表自己的见解。在筹备过程中落实研读作品、写读后感、培养阅读兴趣等教学目标，提高学生的知识运用能力、信息搜集与整合能力、口才表达沟通能力、团队合作能力、审美能力、动手实践能力、创新能力，激发学生对科学问题的兴趣、对阅读的兴趣，培养学生的阅读习惯、写读后感的习惯。

【项目时长】

一个月

【设计背景】

一、课标依据

《义务教育语文课程标准（2022年版）》课程目标指出语文课程围绕核心素养，体现课程性质，反映课程理念，确立课程目标。核心素养是学生通过课程学习逐步形成的正确价值观、必备品格和关键能力，是课程育人价值的集中体现。义务教育语文课程培养的核心素养，是学生在积极的语文实践活动中积累、建构并在真实的语言运用情境中表现出来的，是文化自信和语言运用、思维能力、审美创造的综合体现。

在阅读与鉴赏方面指出，学会欣赏文学作品，有自己的情感体验，初步领悟作品的内涵，从中获得对自然、社会、人生的有益启示；能对作品中感人的情境和形象说出自己的体验，品味作品中富于表现力的语言；探索个性化的阅读方法，分享阅读感受。

在表达交流方面指出，多角度观察生活，发现生活的丰富多彩，能抓住事物的特征，为写作奠定基础。写作要有真情实感，表达自己对自然、社会、人生的感受、体验和思考，力求有创意。

二、教材依据

语文教材八年级上册名著阅读《昆虫记》引导学生了解法布尔，走进科学王国，感受自然魅力，并体会其为撰写《昆虫记》所做出的努力和牺牲，领悟追求真理、探求真相的"法布尔精神"。语文教材九年级上册第三单元习作《议论要言之有据》，做到观点明确、有理有据。

语文教材八年级下册第三单元习作《学写读后感》，引导学生进行单篇阅读、整本阅读，能获得丰富而深刻地感悟，并能明晰而有条理地表述出来，写读后感，做到感从读出，有深度、有新意。

组织有趣味的语文实践活动，在活动中学习语文，学会合作。结合语文学习，观察大自然，观察社会，积极思考，运用书面方式，呈现自己的观察和探究所得。

三、现实依据

当今世界，生态环境问题已成为全球普遍关注的问题。改革开放以来，特别是党的十九大以来，习近平总书记特别强调指出，"生态文明建设功在当代，利在千秋。我们要牢固树立社会主义生态文明观，推动形成人与自然和谐发展现代化建设新格局，为保护生态环境作出我们这代人的努力"。由此可见，社会主义生态文明建设已被摆在重要的战略位置。目前，我校成立以中学生为主体的，与绿色环保行动相关的志愿服务队，开启了我校一条绿色环保之路。借助湿地学校独有资源，走进湿地公园，走进湿地教室，观察身边的昆虫，让学生感悟法布尔的科学精神，领会平等与敬畏的生命观，丰富其人文精神。

【项目学习目标】

1.观察、辨别昆虫，拓展视野。对观察的昆虫进行昆虫图谱的设计，诠释昆虫信息，锻炼学生的审美力和创造力。

2.搜集资料，培养信息提取的能力；制定讲解流程，培养语言运用能力。

3.通过小组合作搜集资料、阅读书籍、绘图、制作宣传海报，设计思维导图，培养自主学习能力、想象力和创作能力，培养合作和创新精神。

4.撰写读后感，通过书籍推荐活动，感受法布尔对生命的尊重及体现出的科学精神，养成读思结合，经常写读后感的习惯。

【驱动问题】

湿地教室里的读书吧

【项目实施】

第一阶段：项目组任务分工和驱动

阶段	活动程序	具体内容	学习方法或学习要求
第一阶段	1. 建立小组	依托学校湿地教室，尊重学生的阅读兴趣，成立"湿地教室里的读书吧"项目课程开发小组。	1. 由老师合理调配人员，组成小组。
	2. 阅读文本	利用假期时间，初步阅读《昆虫记》，了解《昆虫记》的科学性、哲学性、文学性。	1. 假期前，教师指导圈点批注法； 2. 假期中，学生运用圈点批注法，初步阅读《昆虫记》，形成阅读笔记； 3. 假期后，形成笔记成果，交流点评。（参照：《阅读文本过程评价表》）

第二阶段：湿地教室里的读书吧

阶段	活动程序	具体内容	学习方法或学习要求
第二阶段	1. 实地观察	利用阅读课时间，在校园内或湿地公园进行观察活动，一方面阅读《昆虫记》，在湿地发现昆虫，为文字配图；另一方面了解书中未出现昆虫的基本情况，拍照，给图片配文字。	1. 小组再读《昆虫记》，深入湿地，观察昆虫，整理两本成果集。 2. 再读《昆虫记》，摘抄文字，观察符合文字的昆虫，进行拍摄，形成摄影图集。 3. 拍摄其他昆虫，书中未提的昆虫，仿写《昆虫记》为拍摄图片配文。
	2. 活动探究	搭建《学写读后感》写作支架，读后感写作的方法：引、议、联、结；读后感范文引导。	1. 在教师的指导下，小组共同赏析读后感范文； 2. 小组合作制作如何《学写读后感》的思维导图。 3. 形成思维导图成果，交流点评。（参照：《学习读后感》思维导图评价表）
	3. 海报设计	小组讨论：整理、撰写、汇编成海报，提供《昆虫记》宣传的样例。	1. 教师提供图书馆宣传好书的范例； 2. 学生合理分工，以小组为单位设计海报，完成读书吧宣传工作。 3. 形成海报成果图，交流点评。（参照：《昆虫记》书籍推荐海报设计评价表）
	4. 读书推荐活动	以制作的PPT和一篇完整的读后感为依托，举办项目"湿地教室里的读书吧"书籍推荐活动。	1. 小组合作设计《昆虫记》书籍推荐宣讲会并推荐书籍，成果展示。 2. 形成汇报成果，交流点评。（参照：《读书推荐活动成果评价》）

第三阶段：后期交流与评价

阶段	活动程序	具体内容	学习方法或学习要求
第三阶段	交流与评价	小组内交流读后感，修改读后感；遵循表现性评价为主，结果性评价为辅的原则，以师评的方式开展评价活动。	1. 自评、互评和师评相结合，组内评价交流，提出修改意见，小组成员自行修改读后感，并在读后感后面撰写70字左右的本次项目化学习得失总结。 2. 经过师评，推选出优秀读后感作品，班级编辑部推出"湿地教室里的读书吧"读后感合集。

【项目评价】

1. 阅读文本过程评价

初读《昆虫记》评分标准表				
	A	B	C	D
评价标准	有多数圈点生字词并解释、突出中心句及重点语句并有评注	有圈点生字词、突出中心句及重点语句	有少数圈点生字词、文章的中心句、重点语句	没有圈点生字词、文章的中心句、重点语句
自评				
互评				
师评				

请各小组交流笔记成果，进行三方点评。交流结束后，请各位同学查缺补漏，做到初步阅读、真正阅读、用心阅读，并各小组推选出两位"阅读学习之星"，获得一星章。

2.《学习读后感》思维导图评价表

《学习读后感》思维导图评价表				综合评价
形的品质		神的品质		
中心图	☆☆☆	目标	☆☆☆	
主干	☆☆☆	追问	☆☆☆	
层级	☆☆☆	要素	☆☆☆	
关键词	☆☆☆	概括	☆☆☆	
标注	☆☆☆	关系	☆☆☆	
色域	☆☆☆	规律	☆☆☆	

请各小组展示思维导图成果，由各小组组长进行点评。展示结束后，请各位同学完善自己的思维导图，形成《学习读后感》思维导图笔记，并由各小组推选出两位"思维闪耀之星"，获得一星章。

《学习读后感》思维导图评价标准				
中心图	一图一中心	主题要突出	目标	目的与标准　时刻要记清
主干	主干不超七	记忆好管理	追问	问乃思之源　不问思维停
引导线	由粗向细画	曲线水平连	要素	文体与主旨　要素因此生
关键词	提炼概括准	增减都不行	概括	抽象出本质　大小正相应
层级	层级三至五	宏观到具体	关系	同层同标准　上下说得清
标注	标注要难点	云朵飘出来	规律	深挖规律性　才有策略明

3.《昆虫记》书籍推荐海报设计评价表

	A	B	C	D
项目	海报设计主题明确、富有个性	海报设计主题明确	海报设计有主题	海报设计没有主题
	背景图涉及书籍和生活，色彩鲜明合理	背景图涉及书籍和生活	背景图涉及书籍	背景图未涉及书籍
	推荐理由条理明晰、新颖深刻	推荐理由条理明晰	推荐理由有条理	推荐理由没有条理
自评				
互评				
师评				

请各小组展示海报成果，进行三方点评。展示结束后，各小组推选出两位"视觉空间之星"，获得一星章。

4.读书推荐活动成果评价

评价项目	评价标准
书籍推荐稿内容（40分）	1.思想内容能紧紧围绕主题，观点正确、鲜明，内容充实具体、生动感人。（10分） 2.读后感实例生动，反映客观事实，具有普遍意义，体现时代精神。（10分） 3.讲稿结构严谨、构思巧妙、引人入胜。（10分） 4.文字简练流畅，具有较强的思想性。（10分）
语言表达（30分）	1.推荐者语言规范、吐字清晰、声音洪亮圆润。（10分） 2.推荐者表达准确、流畅、自然。（10分） 3.语言技巧处理得当，语速恰当，语气、语调、音量、节奏张弛符合思想感情的起伏变化，能熟练表达所讲的内容。（10分）
综合印象（20分）	1.推荐者精神饱满，能较好的运用姿态、动作、手势、表情，表达对书籍的理解。（10分） 2.推荐者着装朴素端庄大方，举止自然得体，有风度，富有艺术感染力。（10分）
现场效果（10分）	推荐活动具有较强的感染力、吸引力和号召力，能较好地与听众感情融合在一起，营造良好的效果；时间控制在7分钟之内。（10分）

序号	小组成员	书籍推荐稿内容（40分）	语言表达（30分）	综合印象（20分）	现场效果（10分）	合计

请各小组展示读书推荐活动成果，邀请三位语文教师进行点评。读书推荐活动结束后，推选出两组"合作同行小组"，获得小组荣誉章。

【项目反思】

生活是写作的源泉，写作源于生活。在湿地教室的环境烘托下，给学生提供了观察的场所，在教学设计的过程中，要敢于善于挖掘身边的教学资源，立足学情，整合教学内容，引导学生自己总结概括读后感的写法，提升学生的学科素养。这也就要求教师自身，要有整合课本的能力，重构课本的能力，对于教师也是极大的挑战，是难能可贵的学习机会。教师在变身为项目设计者后，需要关注学生真实的学习进程，鼓励学生完成学习任务，根据学生学习需要提供学习支架，指导学习方法，及时反馈学习效果，给予有效评价。

初中学生有能力自主开发语文校本课程。立足学生的兴趣和身边的生活资源，遵循自主性和开放性原则，学生展现出的能力往往出乎我们的意料，他们通过学习与合作可以解决绝大部分的问题。在开展项目式写作教学的过程中，学生置身项目实际角色，助推学生完成整本阅读。通过阅读文本、图文集制作、海报设计、推荐书籍活动等形式，形成过程性成果，让学生在学习的过程中，不断收获，不断成长，潜移默化中提升学生的写作能力。遵循项目评价量规，督促学生自主阅读名著，完成读后感写作。项目化的学习，将同学们分成小组，对每一小组每一阶段活动进行一定的评价，督促了学生主动阅读，主动写作。

教育就是在丰富而具体的生活实践中。通过以学生为主题的初中语文写作项目课程的开发，我们欣喜地发现：语文教育和生、地、美教育能够有机融合、彼此促进，形成教育共同体。通过"在湿地教室里撰写读后感"项目，学生不仅阅读了《昆虫记》，撰写了读书笔记，而且丰富了科学知识，加深了对自己生活和人生发展作用的认识，真实地体验了劳动的辛苦和光荣。

（孙雅婧　青海省西宁市第一中学）

精雕细琢，写出人物精气神

七年级下册第一单元《写出人物精神》
项目化学习教学设计

【项目简介】

一些学生不知道如何通过事件表现人物精神，不知道怎么描写人物，怎么记叙事件，如何描写才能统编版表现人物的精神。因此教师要教会学生通过事物表现人物精神的写作手法。结合《语文》七年级上册第二单元写作《学会记事》、七年级下册第一单元写作《写出人物精神》的教学要求，进行"精雕细琢，写出人物精气神"的项目化学习教学设计。通过观察记录、画像呈现、写作展示等活动，运用外貌描写、语言描写、动作描写、神态描写、典型的细节描写等人物描写的方法，运用对比、衬托、正面描写与侧面描写相结合等写作方法，运用抒情、议论的句子展现人物的精神，也就是人的思想、气质、品格、个性等。

【项目时长】

两周

【设计背景】

一、课标依据

《义务教育语文课程标准（2022版）》指出：语文课程是一门学习国家通用语言文字运用的综合性、实践性课程。工具性与人文性的统一，是语文课程的基本特点。语文课程应引导学生热爱国家通用语言文字，在真实的语言运用情境中，通过积极的语言实践，积累语言经验，体会语言文字的特点和运用规律，培养语言文字运用能力。

写作时考虑不同的目的和对象。根据表达的需要，围绕表达中心，选择恰当的表达方式。合理安排内容的先后和详略，条理清楚地表达自己的意思。运用联想和想象，丰富表达的内容。

写记叙性文章，表达意图明确，内容具体充实，注重写作过程中搜集素材、构思立意、列纲起草、修改加工等环节，提高独立写作的能力。根据表达的需要，借助语感和语文常识修改自己的作文，做到文从字顺。能与他人交流写作心得，互相评改作文，以分享感受，沟通见解。

二、教材依据

（一）教材内容

语文教材七年级上册第二单元写作《学会记事》，引导学生把事说清楚的记事原则，启发学生体会并尝试在叙事中抓住细节，表达感情。语文教材七年级下册第一单元写作《写出人物精神》，引导学生理解写人物要注意写出内在精神。

（二）课内融合

结合语文教材七年级下册第一单元选编的课文，借助使用外貌、动作、语言等句子，对人物的精神品质进行点睛式的概括，学习生动传神的细节描写。

（三）学科融合

组织有趣味的语文实践活动，在活动中学习语文，学会合作。结合语文学习，观察大自然，观察社会，积极思考，运用书面或口头方式，呈现自己的观察和探究所得。《美术》七年级第四单元《美丽的校园》引导学生想象校园、班级的情境，根据情境画出各种造型有趣的人物，并仔细观察，引导学生从画像的动态、细节的美化以及组合几方面来赏析。《信息技术》七年级下册第一单元《因特网应用》第二节制作"班级人物志"vlog，引导学生运用熟悉的应用软件，准确反应班级同学的风采、特色等。

三、现实依据

写人记事的文章是初一学生学习写作的重点，在七年级下册的第一单元写作中，学生学习将在"学会记事""写人要抓住特点"的基础上继续学习，"写出人物精神"选择教材中熟悉的素材，在写作活动中，渗透"从生活中学习写作""从阅读中学习写作""从训练中学习写作"的思想，激发学生的写作兴趣，培养学生观察的习惯，训练写好人物精神的方法，最终深入写出人物精神。在学习过程中，逐步形成正确的世界观、人生观、价值观。积极观察、感知生活，发展联想和想象，激发创造潜能，丰富语言经验，培养语言直觉，提高语言表现力和创造力，提高形象思维能力。借助不同媒介表达自己的见闻和感受，学习发现美、表现美和创造美，形成健康的审美情趣，实现写作目标。

【项目学习目标】

1. 阅读统编版七年级下册第一单元的课文，思考并归纳写出人物精神的方法。读写结合，运用到写作实践中。

2. 观察身边的同学，捕捉美好的、有趣的、有意义的瞬间，运用外貌、动作、语言等描写方法以及抒情、议论的表达方式，写出人物的外在特点和内在精神。

【驱动问题】

如何通过记事表现人物精神

【项目实施】

第一阶段：入项准备

一、制定项目计划

1. 确定目标。引导学生通过对课文的梳理，学会记事的基本要求，以及提炼人物性格、气质的方法，确定自己将要观察、记录的同学。从观察对象的外貌、语言、动作方面进行细致观察，明确观察目标。

2. 观察记录。各小组明确分工，对观察对象的目录进行仔细观察、详细记录。结合成员的观察笔记，确定观察对象的典型事件；共同讨论交流如何将观察对象描述清楚。

3. 手工呈现。合作并设计制作观察对象的绘画作品，力争在外貌、动作等方面高度还原，并为绘画作品设置一个事件场景，进行清楚明白并有感情地叙事。

4. 写作训练。根据前期观察及展示的成果，确定写作对象，运用记叙事件的方法、表现人物精神的方法将自己记录的人物呈现出来。

5. 展示成果。引导学生运用熟悉的应用软件，制作"班级人物志"vlog，选择优秀习作进行编辑，准确反应班级同学的风采、特色等。

二、成立项目小组

小组名称	组长	小组评价标准	星级评价
			☆ ☆ ☆ ☆ ☆
			☆ ☆ ☆ ☆ ☆
			☆ ☆ ☆ ☆ ☆
			☆ ☆ ☆ ☆ ☆
		遵守纪律： 遵纪守时，服从管理； 分工明确，合作期间互相配合。 积极参与： 每次活动积极参加； 提供多种资源，有效提升任务效率。	☆ ☆ ☆ ☆ ☆
			☆ ☆ ☆ ☆ ☆
			☆ ☆ ☆ ☆ ☆
			☆ ☆ ☆ ☆ ☆
			☆ ☆ ☆ ☆ ☆
			☆ ☆ ☆ ☆ ☆
			☆ ☆ ☆ ☆ ☆
			☆ ☆ ☆ ☆ ☆

要求：
1. 成立 12 个项目小组。小组名称自拟，每组推选组长一名。
2. 项目学习小组每组 4—5 人，根据个人实际能力可以安排提炼、记录、泥塑、展示等不同分工。
3. 每组星级评价以小组为单位进行集体合作考核。
4. 小组评价主要以遵守纪律、积极参与两方面进行评价，目的是培养学生积极主动、合作探究的能力，五星评价为最高等级评价。

第二阶段：项目实施

一、结合学过的课文内容，完成表格信息的提炼

1. 观察图片，提炼信息。（结合图片和文字，鲁迅什么样？作者是通过什么方式来传达出鲁迅的精神的？）

图片	文字	特征	人物精神
	《一面》中，阿累曾这样描述鲁迅先生："他的面孔是黄里带白，瘦得教人担心，好像大病新愈的人，但是精神很好，没有一点颓唐的样子。头发约莫一寸长，原是瓦片头，显然好久没剪了，却一根一根精神抖擞地直竖着。胡须很打眼，好像浓墨写的隶体'一'字。"		
通过对图片的观察，学生陈述：发现作者可以通过运用典型外貌描写来刻画人物精神。			

2. 重读文段，提炼信息。（注意《回忆鲁迅先生》文段内容是通过什么来表现人物精神的，表现了人物的什么精神。）

文段内容	人物精神
"鲁迅先生走路很轻捷，尤其使人记得清楚的，是他刚抓起帽子来往头上一扣，同时左腿就伸出去了，仿佛不顾一切的走去。"	
"鲁迅先生旁边走着海婴，过了苏州河的大桥去等电车去了。等了二三十分钟电车还没有来，鲁迅先生依着沿苏州河的铁栏杆坐在桥边的石围上了，并且拿出香烟来，装上烟嘴，悠然地吸着烟。"	
"全楼都寂静下去，窗外也一点声音没有了，鲁迅先生站起来，坐到书桌边，在那绿色的台灯下开始写文章了。许先生说鸡鸣的时候，鲁迅先生还是坐着，街上的汽车嘟嘟地叫起来了，鲁迅先生还是坐着。"	
"鲁迅先生把书包好了，用细绳捆上，那包方方正正的，连一个角也不准歪一点或扁一点，而后拿着剪刀，把捆书的那绳头都剪得整整齐齐。"	
通过对课文的梳理，学生陈述：发现作者可以通过人物个性化的动作来表现人物精神。	

3. 重读句子，提炼信息。（注意《说和做——记闻一多先生言行片段》《回忆鲁迅先生》《孙权劝学》的句子，是通过什么来表现人物精神的，表现了人物的什么精神。）

句子	人物精神
"我们要准备像李先生一样，前脚跨出大门，后脚就不准备在跨进大门。"	
"字不一定要写得好，但必须得使人一看了就认识，年轻人现在都太忙了……他自己赶快胡乱写完了事，别人看了三遍五遍看不明白，这费了多少工夫，他不管。反正这费了功夫不是他的。这存心是不太好的。"	
"孤岂欲卿治经为博士邪！但当涉猎，见往事耳。"	
通过对句子的梳理，学生陈述：发现作者可以运用语言描写来表现人物精神。	

4. 根据三张表格的内容，归纳信息。

（1）写出人物精神的三个常见方法：外貌描写、动作描写、语言描写。

（2）以形绘神——以行写神——以言传神。

二、回顾统编版七年级下册第一单元课文，归纳表现人物特征的方法

《邓稼先》——运用对比的手法突出人物特点。

《说和做——记闻一多先生言行片段》——借助一些抒情、议论概括人物的精神品质。

《回忆鲁迅先生》——生动传神的细节描写。

《孙权劝学》——正面描写和侧面描写相结合。

三、选取人物，观察细节

1. 首先要选取一个人物作为观察对象，连续观察他（她）的生活、学习等细节。

2. 各小组明确分工，对观察对象的观察结果进行详细记录，撰写观察笔记。

3. 结合成员的观察笔记，确定观察对象的典型事件。

4. 按照记事需要写清楚和有感情的要求，围绕人物的动作、语言、神态、心理等细节描写，选取典型事件，共同讨论交流如何将观察对象描述清楚。

四、绘画作品，讲述呈现

1. 通过交流合作，设计制作观察对象的画像。

要求：

（1）力争外貌、动作等方面高度还原；

（2）为画像作品设置一个事件场景。

2. 借助画像作品，讲述观察笔记。

要求：

（1）小组合作，修改观察笔记。选派小组代表清楚、明白并有感情地描绘人物，讲述事件。

（2）其余同学根据记事的要求、写人的方法进行交叉点评，评选出最佳观察笔记。

五、确定对象，写作训练

对班级里你最熟悉的一个同学进行描写，选取典型事件，既要写出人物外在特征，又要突出内在精神。

1. 取材：还原情境。你选择的人物有什么鲜明的个性，同时要思考他的这个个性在哪个环境或事件中表现得最突出。

2. 构思、起草：提炼出写作对象最突出的性格、气质。他有哪些外在表现最能体现其内在气质？

3. 填写下表：

环境或事件	外在表现（语言、外貌、行为等）	人物精神（性格、品质或气质）

4.根据表格进行写作。

学以致用。指导学生用表格梳理写作的思路和角度，指导作文的选材、构思和起草，帮助学生养成良好的写作习惯。引导学生掌握写人记事，表现人物精神的方法，将自己记录的人物呈现出来。

5.过程评价。

采用学生自评、小组互评、课堂展示、教师点评等方式进行评价。

项目	具体内容
分析能力	A. 学生能够分析信息，并得出合理的结论 B. 学生能够分析信息，并在教师的指导下得出自己的结论 C. 学生在教师的指导下分析信息，并得出了自己的结论 D. 学生只是复述信息
创新能力	A. 能灵活处理学习中出现的问题；能在对收集的信息进行分析的基础上生成新的信息：对问题提出了多种答案或方案 B. 能把收集的信息为我所用，生成新的信息：提出不止一种解决方案 C. 能生成新的信息，但只提出一种解决方案 D. 只能按部就班地完成自己所分配的学习任务
学习能力	A. 能够独立完成所承担的任务，能独立查找、分析信息，设计问题解决方案 B. 独立完成了所承担的大部分任务，能够独立查找信息，对解决方案的设计只能提供部分意见 C. 基本上能独立查找信息、分析信息，对解决方案的设计只能提供极少意见 D. 不能独立完成角色任务、查找信息、设计解决方案
解决能力	A. 对学习过程中遇到的问题能做出及时的判断、分析并提供有效的解决办法 B. 能对出现的问题做出分析并提出解决办法 C. 能对出现的问题做出分析 D. 遇到困难则求助于他人
合作能力	A. 能够有效地与他人共享信息；能够相互提供直接或间接有效的协助；共同完成任务；能通过多种方式与他人合作 B. 能有效地与他人共享信息；能通过有限的方式与他人合作，能共同完成任务 C. 能与他人分享信息，能给他人极少的帮助 D. 不能给他人帮助；在小组任务完成中起极小的作用

要求：
1. 对照评价项目具体内容，分别进行自评及互评。
2. 根据具体内容，每个项目评价分为 A、B、C、D 四个等级。A 为优秀，B 为良好，C 为合格，D 为不合格。

第三阶段：展示成果

1. 采用课堂展示、教师点评等方式，学生进行习作修改。

2. 每组评选并推荐优秀学生作品。要求学生运用熟悉的应用软件，将优秀习作、绘画作品、照片等资料进行编辑，制作"班级人物志"vlog，准确反映班级同学的风采、特色等。

3. 将项目化学习成果打印成册，在班级家校群内进行展示。

【项目反思】

PBL课堂，要求对项目的目的、达成的标准、如何跟踪、如何规划课堂、如何收尾……一整套计划了然于胸，但这是本人做的第一个项目，一开始不太懂项目应该如何推进，只是按部就班地实施，对每个学习小组的组建和活动过程也都在探索，后来我明白其实一个项目的开始才是最关键的，也就是驱动问题。比如，我们为什么要做这个项目，这个项目对学生的意义何在，学生对写作的掌握在什么层面，都是需要事先调查的，只有掌握了这些信息，课堂上才能跟学生很好的互动，一切脱离学生的课堂都是注定没有活力的。

PBL课堂，小组合作是核心。可以小到2人，多到6人等。小组要完成共同承担的项目任务。但是在前期的小组合作中有人什么事都不参与，全让别人干，还有的组员觉得自己完全一个人可以搞定，不想跟别人一起干的情况，所以后期我选择用合作优良的小组帮助其他小组寻找"协调力"：首先同学之间要团结在一起，不能在自己组里面产生分歧；其次就是每个人都要认真对待自己所负责的部分。在不断地总结，不断地合作实践中，学生们慢慢看到搭档的优点，不仅做出了非常不错的项目作业，还收获了友谊。

PBL课堂，评价是关键。学生们的行动力都很强，行动力决定项目的成败。在合作的过程中，评价可以让学生毫无懈怠地完成分工任务，同时也可以愈加自律，明确时间概念，最终让合作的项目事半功倍，这也是PBL课堂的独特魅力。

（韩忠萍　青海昆仑中学）

畅游山水，湖光潋滟山色奇

八年级下册第五单元《学写游记》项目化学习教学设计

【项目简介】

学生通过对教材文本的学习及课外搜集文本的阅读，总结出"游记"文体的要素，挖掘名家写作手法的异同，以口头交流的方式打开游记写作的大门，分享"一次印象深刻的旅行"。学生观察校园、小区、街边公园一角，并完成观察日记；学生搜集并积累山水诗佳句，赏析手法及意境，作为自身写作时可用的点睛之笔。学生观看《航拍中国》《青海——我们的国家公园》等自然人文纪录片，了解国家人文地理知识，拓展观察眼界，以身临其境之感来激发热爱家乡、热爱祖国大好山河之情。通过与美术课程的融合，赏山水古典名画，知山水画名家，了解历史人文故事，提升审美情趣，加深对中国优秀传统文化的理解。最终以学生游记作品集作为项目产品，其中还可插入学生摄影作品、绘画作品。

【项目时长】

两周

【设计背景】

一、课标依据

《义务教育语文课程标准（2022年版）》之课程理念，要求语文学科教学从学生语文生活实际出发，为学生创设丰富多样的学习情境，设计富有挑战性的学习任务，从而激发学生的好奇心、想象力、求知欲，促进学生自主、合作、探究学习。

在语文学习过程中注重培养学生积极观察、感知生活，发展联想和想象的能力，激发创造潜能，丰富语言经验，培养语言直觉，提高语言表现力和创造力，提高形象思维能力。这些教学活动促使学生能借助不同媒介表达自己的见闻和感受，学习发现美、表现美和创造美，形成健康的审美情趣。

该学段目标要求八年级学生能够多角度观察生活，发现生活的丰富多彩；能抓住事物的特征为写作奠定基础；写作要真情实感地表达自己对自然、社会、人生的感受、体验和思考。

写作时要围绕表达的中心，选择恰当的表达方式，合理安排内容的先后和详略，条理清楚地表达自己的意思，运用联想和想象表达的内容，提高学生的独立写作能力。借助语感和语文常识，修改自己的作文，做到文从字顺，能与他人交流写作心得，互相评改作文，以分享感受，沟通见解。

培养学生自主组织文学活动的能力，在办刊、演出、讨论等活动过程中体验合作与成功的喜悦；能够就共同关注的热点问题搜集资料，调查访问，互相讨论；能用文字、图表、图画、照片等展示学习成果。

二、教材依据

语文教材八年级下册第五单元写作《学写游记》，要求学生能够有层次、有条理地合理安排游记写作的顺序，能够多角度观察生活，抓住景物、场所的特点，详略得当地来写，更要求学生能够在记叙、描写的基础上，适当运用议论、抒情等方式表达自己的思想感情。

本单元收录了《壶口瀑布》《在长江源头格拉丹东》《登勃朗峰》《一滴水经过丽江》四篇经典游记。这几篇游记所写的景物各有特点，或雄浑壮美，或奇绝险远，或威严瑰奇，或纯净自然。其写法也各具特色，有的定点观察、视角游动，有的移步换景、细节刻画，还有的将散文笔法和小说情节相结合，相辅相成、独具异趣。它们都表现了作者的情感，传达出作者对人生、生命的某种感悟与思考。

结合八年级学生对游记的学习经历，如《与朱元思书》《小石潭记》《记承天寺夜游》等经典篇目，更让学生体悟到山水游记这一文体，既可记事又能绘景，既能状物又可抒怀的特点。游记有着悠久的文学传统，具有深厚的文化内涵，它们不仅是文学文本，更是文化文本。

充分利用好单元教材，注意发挥学生的主动性，指导学生自主学习。开展有趣高效的项目化学习活动，以赏山水画、观山水影片、集山水诗、学绘景法、抒观景情等活动环节，指导学生积累写作素材，开拓写作思路，学会通过细腻真切的描写来抒发思想情感。

三、现实依据

中国幅员辽阔，各种形态旅游业如雨后春笋一般。中国旅游民俗文化资源具有内涵丰富、文化厚重的优势，比如：

1. 旅游山水文化，"山水"特指地貌特征具有典型性，生态环境优良，有一定文化积淀，具有美学、文化、科学价值的自然景观的综合体。我们身边的资源有青海湖、门源油菜花海、天空之境茶卡盐湖等。

2. 旅游聚落文化，其本义是指村落，后来泛指人群聚居的地方，包括都市、城镇和乡村等。它是在一定地域内发生的社会活动和社会关系，是由共同成员的人群所组成的相对独立的地域社会。例如：河南安阳殷墟遗址、陕西秦始皇兵马俑、青海柳湾彩陶文化等。

近两年来，受全球疫情影响，我国的旅游业也遭受重创，学生的省外游学、旅行机会大大减少，一方面我们可以指导学生收集资料，以课堂所学阅读方法来欣赏、品悟游记名篇，另一方面引导学生关注本省山水景观、人文景观、特色民俗、历史文化遗产，以培养学生热爱家乡、热爱祖国大好河山的情操，提升学生以语言文字叙事、绘景、抒情的能力；还可结合美术课所培养的艺术鉴赏能力、构图能力，以摄影、绘画的方式融情于景，借景抒怀。

【项目学习目标】

1. 归纳游记相关知识，将课内所学游记阅读方法迁移到课外文本的阅读，在记叙、描写的基础上，适当运用抒情和议论表达自己的思想感情。

2. 通过观影、摄影、绘画、写作、展示交流等活动，学会有层次、有条理地安排游记写作的顺序，学会多角度观察生活，抓住景物、场所的特点，详略得当地进行游记写作。

3. 通过项目成果展示和多元评价，学生修改、加工自己的习作，提高独立写作的能力。通过项目化学习，了解国家人文地理知识，激发热爱家乡，热爱祖国大好山河之情。

【驱动问题】

如何由学生自主编辑一册《畅游山水，湖光潋滟山色奇》

【项目实施】

第一阶段：成立项目小组

（一）教师组织学生以 9 人为一个学习小组，开展项目化学习活动，每组设立小组长 1 名，并组成"活动组委会"，完成项目化学习各项活动的组织及安排。

活动组委会	
成员	活动任务
5 名学习 小组组长	1. 撰写活动开场白，担任活动主持人； 2. 解说项目目标、内容、实施过程； 3. 给各组成员分工，组织组员给同学习作打分； 4. 拍摄项目过程性照片、视频，制作美篇、小视频，发布在本班"钉钉群"； 5. 完成《案头山水游记集》编辑工作。

（二）每小组推荐一名同学担任评委，在优秀作品中，评选"最美"系列奖项。

组别：活动评委组	
成员	活动任务
5 名同学 （小组推荐产生）	投票评选"最美摄影""最美文笔""最美绘画"等奖项。

第二阶段：项目实施

（一）项目启动，打好基础。

具体环节	教学活动
环节一：情境 驱动	1. 学生 1 分钟口头表达"一次印象深刻的旅行"。 2. 教师播放《2019 大美青海宣传片》，学生以"我看到了这样的大美青海……"的句式进行组内交流。
环节二：回顾 游记三要素及 结构	教师引导学生一起小结游记"三要素"，并概括写作方法。 所至（线索）：（1）按照参观游览的顺序写；（2）按照游览者独特体验，分类描摹。一般采用先概括再分述的结构。 所见（美景）：（1）抓住特点，巧用修辞。选择最富特征或最具代表性的景物，运用多种表达方式，多角度描写；（2）详略得当，抓住重点。描写景物和抒发感受是写作重点。 所感（感悟）：寓情于景，明确主旨。借景抒情，情景交融，由景论理等。
环节三：比较 本单元四篇游 记写作手法异 同	《壶口瀑布》视角独特，既有整体观照，又有细节刻画，雄浑壮美。《在长江源头格拉丹东》表现出作者置身于难得一见的景物之中的身体感受和心理感受。景物奇绝险远、庄严细腻。《登勃朗峰》先以散文笔法写登山过程中的所见之景，后以小说笔法写妙趣横生的下山过程，两部分内容相辅相成，独具异趣。《一滴水经过丽江》不写人的"游览"却写水的经历，用一滴水从融化成形到汇入大江的过程，串起丽江独具特色的风土人情。文字娓娓道来，在与读者的交流中抒发情怀。

（二）观察实践，完成游记。

具体环节	教学活动
环节一： 观察日记	学习小组成员分工，分别观察校园、小区、街边公园一角，并完成三篇观察日记，有能力的同学以简笔画的形式设计日记插图。
写法指导	1. 确定观察对象 2. 确定观察思路： （1）观察了什么景物？（2）观察顺序及角度。（3）观察过程中给你留下深刻印象的景物是什么？ 3. 明确日记写法 （1）概括景物特征。（2）使用比喻、拟人、排比、对比、夸张、引用等修辞手法，使写景更加形象生动、特点突出，富有艺术感染力。（3）以抒情、议论的表达方式作结，表达内心感悟。
环节二： 积累运用	学生搜集并积累描写山水的美文佳句，赏析手法及意境，作为自身写作时可用的点睛之笔。
例句分析	1. 不知细叶谁裁出，二月春风似剪刀。 比喻新巧，却出语自然，这两句是对大自然生化万物所唱的赞歌。那巧如剪刀的春风裁剪出丝丝碧柳，给大地披上新妆，是自然活力的象征，给人以美的启迪。 2. 忽如一夜春风来，千树万树梨花开。 这句诗运用了比喻和对偶的修辞手法，诗中将堆积在枝头的白色雪花比喻成满树绽开了朵朵白色的梨花。富有浪漫色彩，意境壮美，比喻贴切。 3. 天街小雨润如酥，草色遥看近却无。 诗人就"草色"加意点染，为它安排了典型的环境。"天街""小雨"，已经点明了地点在帝都，其时在早春，渲染出浓郁的春的氛围。紧接着，作者又描述了自己远观近察的不同感受。
环节三： 视听享受	学生观看《航拍中国》《青海——我们的国家公园》等自然纪录片，摘录打动人心的文案旁白，用文字记录印象深刻的画面或场景。 教师提示需要关注的内容： 1. 记录片中提到的地点名称、地形风貌特点； 2. 观察航拍视角所见山川形貌，及时记录带给你的内心感受； 3. 观察特写镜头、微距镜头的拍摄对象，在形、光、色、态、声等方面所展现的特点； 4. 关注解说词，记录写景生动形象的妙词佳句；赞美性的抒情句、议论句； 5. 关注历史人文知识，如：历史典故、神话传说等； 6. 关注民俗风情，不同少数民族的节庆习俗及文娱活动名称。
环节四： 美术融合	邀请美术老师利用美术课教学环节，引导学生赏山水古典名画，知山水画名家，了解历史人文故事，提升学生审美情趣，加深对中国优秀传统文化的理解。
环节五： 游学活动， 撰写游记	学生利用周末时间，以家庭为单位开展省内、市内游学活动。学生自主制定游学计划，规划游学路线，记录相关历史、地理知识，多角度、多感官观察，拍摄摄影作品，最终完成一篇"游记"。
写法指导：	好游记的关键：1. 描写景物时，要抓住最富有特征或代表性的，或者是你感受最深的景物来写，从不同的角度，运用不同的表现手法，鲜明地呈现其独特、令人难忘之处。2. 要写出游览过程中的所见所闻，其中还要融入自己的情感。一篇好的游记，往往还具有知识性。3. 应该有一定的观察顺序，如由远到近、由上到下、由高到低、由中间到四周等。多角度观察景物，如远眺、细看、俯瞰、仰视等。这样，描绘的画面、景物有大有小、有远有近、有静有动，表现出多重意境，层次分明，使景物展现出独特的美感。4. 可综合运用的描写方法：感官描写、特写镜头、动静结合、修辞手法、联想与想象、虚实结合……

第三阶段：多元评价

（一）利用班会课时间，以学习小组为单位，按照评量表打分选出本组内优秀日记、摄影作品。

日记评价表

评价标准	学生自评			组内互评			教师评价		
	优	良	需完善	优	良	需完善	优	良	需完善
日记记叙要素完整									
有明确的观察对象，重点突出、详略得当。									
观察顺序清晰，有条理。									
简单运用修辞手法，语言通顺、富有文采。									
有真情实感或哲思感悟，以抒情、议论的表达方式结尾。									

摄影作品评价表

评价标准	学生自评			组内互评			教师评价		
	优	良	需完善	优	良	需完善	优	良	需完善
内容要求（主题鲜明、内容相符）									
技术要求（色彩和谐、比例协调）									
评价说明	各小组完成多元评价后，选出2—3份优秀作品，参与下一阶段的班级展示环节，并将修改后的日记作品编入《案头山水游记集》。								

（二）利用语文课时间，教师指导学生按照评价量表完成游记习作的多元评价，评选出优秀作文。

游记习作评价量表（中考50分制）

评价标准	A（9—10分）	B（7—8分）	C（6分）	D（5分及以下）
内容要求： 1.景物描写细致，包括自然景物、人文景物； 2.巧用修辞、多角度抓住景物特征，富有文采； 3.破题迅速，有明确的中心句； 4.情感真实、点题明确，具有思想哲理。				

续表

评价标准	A（9—10分）	B（7—8分）	C（6分）	D（5分及以下）
文体表达： 1. 有明显的的游踪，游记三要素明确； 2. 语言流畅，没有语病； 3. 词语丰富，形象生动。				
选取材料： 选材恰当，重点突出，详略得当。				
布局谋篇： 1. 结构严谨，首尾呼应； 2. 条理清晰，分段恰当。				
卷面书写： 1. 卷面整洁，工整美观； 2. 标点规范，字数达标。				
评价说明	1. 每项分 A、B、C、D 四个等级； 2. 每一项达到 3 个要求可得 A，达到 2 个要求可得 B，达到 1 个要求可得 C，不符合要求得 D。 按照四个等级分数区间上下浮动： （1）无题目或题目不完整扣 2 分； （2）错别字每三个扣 1 分，重复的不计，最多扣 3 分； （3）标点符号错误较多者，扣 3 分； （4）字数不足 600 字者，每少 50 字扣 2 分。			

游记习作得分表

学生姓名	自评得分	互评得分	师评得分
***			
***			
***			
***			
***			
***			

第四阶段：成果展示

（一）班内展示，编辑游记集。

具体环节	教学活动
环节一： 展评交流	各小组由组长推荐并展示本小组评选出的优秀观察日记及游学摄影作品； 优秀习作作者朗读自己的游记作文，其余同学认真倾听并口头点评作文，最后由教师给予口头评价。
环节二： 投票评奖	活动评委组成员在各小组优秀作品中，投票评选"最美摄影""最美文笔""最美绘画"等奖项。
环节三： 编辑成册	习作编辑组成员利用节假日，按照最终得分，选择同学的习作、照片、绘画编辑成册。

（二）过程评价，总结提升。

教师组织学生在学习活动结束后，依照《项目活动过程性评价表》完成多元评价，总结自身在学习过程中的收获与不足。

项目活动过程性评价表

姓名	评价项目	评价标准	学生自评	小组互评	教师评价
	口语交际能力	善于沟通，语言文明有礼，态度自然大方，言行得体。（10分）			
		普通话标准，语言流畅。（10分）			
		认真倾听、彼此尊重。（10分）			
	团队合作能力	发挥自身特长，积极主动承担活动任务。（10分）			
		能虚心接受他人建议，态度诚恳。（10分）			
		能热情帮助同学，为活动顺利开展贡献力量。（10分）			
	写作实践能力	在项目学习活动中有明确的学习目标。（10分）			
		在观察实践中有确切的观察收获；在观看视频后，有知识的获得、情感的震撼。（10分）			
		在游学过程中，能及时记录所见所闻所感。（10分）			
		在游记写作中，能学以致用，写作水平有所提高。（10分）			

【项目反思】

在语文教学过程中，我们发现很多学生把写作看成是难以应对的难题，每逢写作训练或是考试作文，都唉声叹气、苦不堪言。究其原因，命题的千篇一律，指导脱离实际，固定的批改和评价，怎么能提起学生们的写作兴趣呢？孔子曰"知之者不如好之者，好之者不如乐之者"，写作亦是如此。学生的兴趣是提高、发展写作能力的原动力。

此项目设计，关注学生学习实践，包括：探究性实践、调控性实践、审美性实践、社会性实践、技术性实践，活动环节较清晰。在项目活动的过程中，有目标地培养学生的观察力、记忆力、思维感知力，所谓"目的越明确，感知越高效"。观察力不仅是智力结构的基础，还是思维能力的起点，更是获取写作材料的最直接能力。此外，本项目活动强调学生在观察或阅读的基础上，通过主动参与，产生独特的心灵感受和领悟，在实践体验中，写出新意、写出深度、写出温度。

此项目活动紧密围绕《义务教育语文课程标准（2022 年版）》理念、目标进行设计和实施，充分尊重语文教材所构建的语文综合实践体系，贯彻工具性与人文性相统一的精神，促使学生随文学习、学以致用，构建自主学习系统，编织不同学科的知识网格，强化语文学习的综合性与实践性。

但是，项目活动阶段及环节需要教师较好地调度和调整，如果只靠学生自主把握进度，会使低阶学习过程松垮，高阶学习过程拖沓。此外，需要学生识记、理解、巩固的学习内容，教师要认真检查并准确评价。

（张永芳　青海省西宁市第十一中学）

记言述行，巧思妙用书真情

七年级上册第二单元《学会记事》、第四单元《思路要清晰》项目化学习教学设计

【项目简介】

依据《义务教育语文课程标准（2022年版）》以及"双减"政策，为切实减轻学生负担，开展项目化学习。项目化学习以项目为载体，设置驱动问题和项目任务，通过小组合作学习，帮助学生由低阶认知向高阶认知发展。本设计旨在引导学生明确：在记叙文写作中，叙述好一件简单的事是一项基本功。练好这个基本功，以后进行复杂的叙事也就有了基础。除此之外，想把文章写好，还要有谋篇布局的意识和清晰的思路。本设计运用项目化学习的方式，通过回顾教材中的文章，把握文章的内容和写法，通过讨论及问题探究，将初步的感受进行总结归纳，引导学生明确如何将事件记叙清楚，明确在写作时如何谋篇布局、理清思路，通过写作训练及作品修改，将优秀作品通过不同形式展示出来，并设立各类奖项，请教师、学生、家长进行评选，最后将项目学习成果收集在《记言述行，巧思妙用书真情》专题作品集中。

【项目时长】

三周

【设计背景】

一、课标依据

《义务教育语文课程标准（2022年版）》中要求："写作要有真情实感，合理安排内容的先后和详略，条理清楚地表达自己的意思。注重写作过程中搜集素材、构思立意、列纲起草、修改加工等环节，提高独立写作的能力。根据表达的需要，借助语感和语文常识修改自己的作文，做到文从字顺。能与他人交流写作心得，

互相评改作文，以分享感受，沟通见解。按照一定的标准分类整理学过的字、词、句、篇等语言材料，梳理、反思自己语文学习的经验，努力提高语言文字运用能力，增强表达效果。学习跨媒介阅读与运用，体会不同媒介的表达特点，根据需要选用合适的媒介呈现探究结果。自主组织文学活动，在办刊、演出、讨论等活动过程中体验合作与成功的喜悦，能用文字、图表、图画、照片等展示学习成果。"

二、教材依据

语文教材七年级上册第二单元写作《学会记事》，旨在教会学生抓住要素、条理清楚地叙述，并且尝试在叙述中借助恰切的词语来表达情感；七年级上册第四单元写作《思路要清晰》，要求作文要做到思路清晰、层次分明，才能清晰地表达作者的思想情感。

三、现实依据

许多学生平时没有养成良好的写作习惯，拿到作文题之后不过多思考，写作时边想边写，先想到什么就先写什么，一旦词穷，便东拉西扯或颠来倒去地重复讲述，事情叙述不完整，情感表达不真切，中心不明，思路混乱，令人不知所云。在项目化学习中，学生通过阅读、讨论等方式来获取知识，在活动的过程中明确如何将事件记叙清楚，使文章思路清晰，有利于帮助学生提升写作能力。

【项目学习目标】

1. 比较阅读，认识把事情说清楚的记事原则，尝试在叙述中添加细节表达情感，了解不同文体的基本结构及行文顺序。

2. 学习布局谋篇，拟写提纲，理清思路，完成习作，培养语言运用和思维能力。

【驱动问题】

如何将事件记叙清楚，使文章思路清晰。

【项目实施】

第一阶段：入项准备

（一）分组合作，制定计划

运用小组合作交流的学习方式，可以营造和谐的课堂氛围，带给每位学生主动参与学习的机会，在交流讨论中，学习其他同学的优点，开展互学、互查、互评活动，从而更好地实现项目化学习目标。

项目组别 （名称）	项目组组长	项目组成员及分工
如：雏鹰组		

要求：
1. 教师组织学生分组，成立 4—6 人项目组，每组可自拟组名，选出组长。
2. 组长负责协调人员、分配任务，如记录、整理文字资料；搜集、筛选音频；拍摄、录制视频；提供绘画、插图；版面设计、节目编排导演、表演人员、朗读人员，等等。
3. 师生共同制定项目计划，包括需要完成的项目任务、活动方式、成果展示形式、时间节点等。

第二阶段：学海拾"贝"

（一）记言述行，学会记事

任务一：回顾《秋天的怀念》《散步》两篇文章，完成下面表格。

课题	事件	起因	经过	结果
《秋天的怀念》				
《散步》				

要求：学生小组合作共同交流讨论完成两文内容的梳理。

任务二：结合《秋天的怀念》"思考探究"第二题，学习小组讨论如何才能把事写好，组长将讨论结果记录下来，教师引导学生概括归纳，总结如下：

1. 通过对课文的回顾，明确记事的基本要求是"写清楚"，一般要写出事情的起因、经过、结果，其中经过是重点，应写详细。要把事件写清楚，写之前就要先想清楚，理清事情的来龙去脉，再按一定的顺序有条理地写下来。

2. 明确作者所选取的事件都是自己亲身经历的、有真切感受的事，说的都是发自内心的话，这样才能表达出真情实感。

3. 借助细节描写来表现人物的性格特征或精神品质、情感态度。

4. 想让事件跌宕起伏、扣人心弦，还可以采用一些写作技巧，如设置悬念、运用倒叙、插叙等。

任务三：添枝加叶，书写真情

下面这段文字记事过于简单,读起来让人兴味索然。请你帮作者"添枝加叶",把它写得丰满、生动一些。

那天上学迟到了,老师批评了我。回到家里,我闷闷不乐,爸爸、妈妈教导了我,嘱咐我以后要按时到校。

提示:

可以从两个方面入手来"添枝加叶":一是添加细节,二是融入情感。添加细节,如为什么迟到,老师是如何批评的,父母教导我时的目光等。融入情感,就要写出自己的感受和心情。可以在叙事之中融入个人情感,也可以在结尾处抒发情感,以此点题。

"添枝加叶"学习成果评价表

成员姓名	中心明确（20分）	事件有起因、经过、结果（20分）	有人物细节描写（20分）	叙事能融入情感（20分）	运用了写作技巧（20分）	得分及等级	修改建议

要求:
1. 作品完成后交给组长,组内按此表为成员评分并划分等级（80分以上为优秀,79—70分为良好,70分以下为一般）,提出修改建议,小组安排专人负责计分并记录讨论结果。
2. 每位成员按修改建议修改自己的作品,改后交由小组再次评议,选出分数最高的一篇集体修改。
3. 作品修改成型后,请一名或几名组员以朗读的形式展示给全班同学,小组可自主选择配以PPT、配乐等方式进行展示。

（二）巧思妙用,理清思路

同学们在学会了记事之后,还要明确写作要有谋篇布局的意识,就像建造一座美丽的房子,过程是一样的,不管你想像的房子多么漂亮,选的材料多么优良,如果步骤不对,也建不成美丽的大房子。

任务一:教师多媒体呈现问题"什么是思路清晰?"学生自读课本上的写作知识后抢答。

学生明确:所谓思路清晰,就是要在布局谋篇中做到结构完整、层次分明,让读者明白文章先说了什么,后说了什么,主要在说什么。

教师补充：如果没有布局谋篇的意识，习惯于想到哪儿写到哪儿，行文便会杂乱无章、颠三倒四，令人不知所云。作文只有做到思路清晰、层次分明，才能清晰地表达作者的思想感情。

任务二：回顾课文《秋天的怀念》《纪念白求恩》《再塑生命的人》《植树的牧羊人》《走一步，再走一步》《从百草园到三味书屋》《散步》，小组合作谈一谈这些文章是如何做到条理清晰的，并梳理归纳课本上的写作知识，教师引导补充归纳，得出以下结论：

1. 抓住"题眼"，确立中心。

2. 选取材料，安排结构。

3. 明确体裁，确定顺序。

4. 设置线索，串联情节。

5. 拟写提纲，理清思路。

师生合作共同归纳拟写提纲的方法，总结如下：

（1）拟写标题（命题作文除外）。

（2）确立中心。

（3）围绕中心选材并安排好详略，概括出每个材料的主要内容。

（4）精心设计开头和结尾。

（5）确定写作顺序，安排文章结构（如"总—分"或"总—分—总"等）。

（6）可以给文章设置线索。

（7）预想本文将运用哪些写作手法。

任务三：从以下材料中选择几个，以《乐于助人的他》为题，按照拟写提纲的方法，将提纲列出来。

1. 他主动帮助老师拿实验器材。

2. 他上课听讲很认真。

3. 他放学后帮同学打扫卫生。

4. 他主动为学习有困难的同学辅导作业。

5. 他把捡到的钱包还给失主。

6. 他很喜欢运动，也很爱读课外书。

"理清思路"学习成果评价表

组员姓名	中心明确（10分）	选材恰当，详略得当（10分）	开头、结尾精心设计（10分）	顺序及结构合理（10分）	设置了行文的线索（10分）	预设了写作手法（10分）	总分及等级	修改建议

要求：

1. 提纲拟好后组内按此表为成员评分并提出修改建议，小组安排专人负责计分并划分等级（48分以上为优秀，47—36分为良好，36分以下为一般），记录讨论结果。

2. 每位成员按修改建议修改自己的提纲，改后交由小组再次评议，选出分数最高的一篇，安排一名组员以讲解的方式在全班展示。

第三阶段：牛刀小试

（一）完成作文，提升能力

如果以《_____二三事》为题，写一篇记人的文章，你会写谁？请按照拟写提纲的方法，自主分析，理清思路，列出作文的提纲，在此基础上拓展成文，不少于600字。

具体任务	实践活动
任务一：搜集资料，前期准备。	选择一位人物，通过走访、电话等途径了解他的事迹，收集相关照片等资料。
任务二：列出提纲，修改完善。	按照要求列提纲，教师巡回指导，学生对提纲进行修改完善。
任务三：撰写作文，形成成果。	将提纲拓展成文，师生共同交流评价并给出修改建议，学生修改完毕，形成项目学习成果。
任务四：小组评价，修改展示。	项目小组按《_____二三事》写作成果评价表对组内成员的作品进行评价，根据最高分数选出一篇优秀作品，集体修改后选择合适的方式展示成果。

《_____二三事》写作成果评价表

姓名：　　　　　　　　　　作品名称：

评价内容	自评	组评
材料真实、中心明确（20分）		
叙事清楚（有起因、经过、结果）（20分）		
思路清晰（顺序、结构合理）（20分）		
描写细致、情感真切（20分）		
运用了写作技巧（20分）		
总分		
最终得分及等级		
修改建议		

说明：
1. 组内按此表为成员评分并划分等级（最终得分为自评、组评两个分相加的总和，除以2后得到的平均分。80分以上为优秀，79—70分为良好，70分以下为一般），提出修改建议，小组安排专人负责计分并记录讨论结果。
2. 每位成员按修改建议修改自己的作品，改后交由小组再次评议，选出分数最高的一篇集体修改，最终形成项目学习成果。

第四阶段：展示评价

（一）公开成果

1. 收集各组的"添枝加叶"小练笔及"思路清晰"提纲拟写的优秀作品，小组合作设计成手抄报形式，要注意语言规范，图文并茂，版面美观，然后通过展板在班级内展示并开展"送你一朵小红花"活动，请任课老师和同学们在自己喜欢的作品下方画上一朵小红花，展示时间为一周，活动结束后请同学们谈谈自己的收获。

2. 请各小组自选形式将本组的以《_____二三事》为题的优秀作文在学校微官网上进行展示，如制作成小报、PPT、录制配乐朗读视频、录制表演视频等，并设立多个奖项，在网上请更多的学生、老师、家长参与点赞活动。

3. 活动结束后，将"添枝加叶"小练笔、"思路清晰"提纲拟写及以《_____二三事》为题的优秀作品编入项目化学习专题《记言述行，巧思妙用书真情》作品集中，并放至学校图书馆供全体师生阅览。

（二）项目学习过程评价

	内容	标准	小组自评	组间互评	教师评价
		中心明确（10分）			
	写作能力	叙事清楚（10分）			
		思路清晰（10分）			
		细节动人（10分）			
项目学习评价表	合作能力	分工合理（10分）			
		积极参与（10分）			
		善于表达（10分）			
		建议合理（10分）			
	展示能力	整合资源（10分）			
		形式新颖（10分）			
	总分				
	最终得分				

说明：
1. 最终得分为三个分数相加的总和，除以3后得到的平均分。
2. 根据最后得分取前三名评出项目冠军、亚军、季军；根据三项得分，取最高分得出最佳写作、最佳合作、最佳展示奖。

【项目反思】

在传统教学模式中，语文教师是学生作文的阅读者和评价者，教师个人主观性意识往往影响学生对自己作文的正确认识。此项目化学习设计改变了这种以教师为中心、以课堂为中心和以书本为中心的现象，教师起到了学生学习活动的设计者、组织者和引导者的作用。

在组织开展本次项目化学习的过程中，结合学生的特征与实际情况对教学内容进行精心的筛选和设计，对教学活动进行科学的规划与合理的组织，如设计学习任务及学生活动，引导学生进行小组的分工协调等，同时结合学生在项目学习过程中的反应与表现，对课堂节奏进行调整，对学生的学习进行辅导与帮助，如引导学生探究如何将事件叙述清楚、如何拟写提纲的方法等等，并且及时对课程结果进行总结与评价。这个过程就是老师教学能力不断提升的过程，也是学生提升写作能力的重要过程。学生由低阶学习向高阶认知发展，让学习的过程充满意义，也提高了学习素养。

教师也应突破传统的评价方式，可采用多种评价相结合的方式，如自评、组评、师评、家长评等，让每一位学生都参与到学习评价中来，让他们加强交流，献计献策，学生通过互相阅读、互相评判，才能发现自己的不足，看到别人的长处。在评价过程中师生可以共同探讨，指导学生反复修改作品，同时选出更加优秀的作品，并引导学生发挥小组的特长将作品展示出来，这样的学习形式可以最大程度地调动学生的学习参与度和积极性，既增强了学生的写作能力，也大大提升了学生的学习兴趣。

本项目围绕语文主体知识开展活动，融合了音乐、美术、信息学科，让学生在活动中跨学科融合知识解决实际问题，学生的阅读、分析、写作、合作、审美等能力都有了明显提升。

（赵蕾　青海省西宁市第一中学）

醉美四季，一枝一叶总关情

七年级上册第一单元《四时之美》
散文创作项目化学习教学设计

【项目简介】

设计"四时之美"散文写作项目化学习教学，是围绕《语文》七年级上册第一单元选编抒写四季美景的散文和四首写景抒情的古诗词的特点，是以"写一篇写景抒情散文"为核心驱动任务。引导学生通过朗读，理解文中景物特点与作者感情基调的关系；通过比较阅读，从"景物选择""顺序安排""画面描写""情感抒发"四个学习活动分析写景抒情散文的阅读规律；借助读写一体的理念，将阅读经验转化为写作方法，指导学生写出一篇写景抒情的散文。

【项目时长】

两周

【设计背景】

一、课标依据

结合《义务教育语文课程标准（2022年版）》中"表达与交流"第四学段（7-9年级）目标4要求"多角度观察生活，发现生活的丰富多彩，能抓住事物的特征，为写作奠定基础"，结合七年级新生学情设计"四时之美"散文写作项目化学习教学案例。

二、教材依据

语文教材七年级上册第一单元的人文主题是亲近自然、热爱生活。单元要求在学习中要重视朗读课文，注意揣摩和品味语言，体会比喻和拟人等修辞手法的表达效果，想象文中描绘的情景，借此领略景物之美，感受大自然的生生不息和四季景物的美不胜收，从而引领学生亲近自然、热爱生活。其中，《春》讴歌了大自然的蓬勃生机；《济南的冬天》抒发对"理想的境界"的眷怀；《雨的四季》充溢了作者无限的爱恋之情。古代诗歌四首，均为"一切景语皆情语"的借景抒情佳篇。单元学习要求重视朗读课文，注意揣摩和品味语言，感受大自然的生生不息和四季景物的美不胜收，从而引领学生亲近自然、热爱生活。

三、现实依据

设计"四时之美"散文写作项目化学习教学能很好打通七年级学生阅读教学与写作教学之间的壁垒。以单元课文为样例，通过求同存异的分析，总结写景抒情散文景物选取、写作顺序、修辞使用、情感抒发的基本规律，并转化为对初入中学学生借景抒情写作的指导。

【项目学习目标】

1. 能够准确提取文中描写的景物对象，用简洁的语言分析是如何运用修辞手法和调动多种感官来描写景物画面的，并能从文章的用字、用词、用句等角度分别概括作者直接或含蓄表达的感情写作技巧。

2. 选取学生生长地（西宁）的一个季节，选择其典型景物，安排好写作顺序，运用比喻或拟人的修辞描绘景物的典型特征，突出这个季节的独特气质，写一篇写景抒情的文章，抒发自己对家乡的深情，不少于 500 字。

3. 通过比较阅读，归纳、概括出写景抒情文章中选择描写景物、安排写作顺序、运用修辞方法、抒发作者感情的规律和方法，并能将其迁移到写作中去，提升比较、分类的能力。

4. 能对文中描写景色的关键语句展开联想和想象，在脑海里构筑画面，并在单元课文学习之后，能运用生动的语言、恰当的修辞描摹四季画面，增强形象思维能力。

5. 指导学生阅读抒写四季的文章和撰写描绘家乡四季之景、抒发自己热爱家乡真挚情感的作品，借此培养学生观察、感受并记录身边景物环境的习惯，引导学生热爱学习、热爱生活。

6. 在阅读、观察和写作中，积累自然景物所蕴含的文化精神，理解作者所表达的内在情思与精神成长的关系，在写作中寻找与自己精神情感相契合的景物。

【驱动问题】

撰写一篇描绘家乡四季之美，抒写内心独特之情的写景散文。

【项目实施】

第一阶段：成员入项，群策群力

课时安排：1课时

核心任务：小组合作，设计朗读分享策划方案，准备朗读资料，推介朗读及分享感受视频制作方案。

学习资源：

1.《语文》七年级上册第一单元选编的一组抒写四季美景的散文和四首写景抒情的古诗词。

2. 课外抒写四季美景例文推荐（马国福《梨花开遍是归途》、樊娟《邂逅青海湖》、索南《秋的声色》、朱小编《故乡大雪，一切安好》）。

实施及评价：

组名	成员分工	任务内容 （设计、实施、评价等）	评价 （标星）	评价描述：对任务内容理解，执行时态度积极等分别表1-5颗不等

第二阶段：品四季情韵，理写景方法

课时设计：6课时

核心任务一：设计两篇课文阅读分享策划方案，并提交阅读分享视频。

（一）学习任务

1. 自读《春》《济南的冬天》，梳理文中的画面，用一两个关键词概括画面中的情感。

2. 分别为从两篇课文中梳理出的画面命名，并挑选其中你最喜欢的一幅画面，说出命名理由。

3. 分别为两篇课文设计阅读策划方案，并提交分享视频。

（二）课时安排：2课时

（三）学习资源

朱自清《春》、老舍《济南的冬天》

（四）完成任务

1. 阅读课文，初感四季：阅读《春》《济南的冬天》，梳理文中的画面，用一两个关键词概括画面中蕴含的作者情感。

2. 分别为从两篇课文中梳理出的画面命名，并挑选其中你最喜欢的一幅画面，说出命名理由。

3. 分别为两篇课文设计阅读策划方案，并按照下面三个步骤完成阅读任务，提交阅读视频。

（1）开头语：大家好，我是××学校七年级某班某某某，请听我朗读朱自清的《春》及阅读体验分享，希望你能喜欢。

（2）朗读：有感情地朗读课文，朗读的时候要考虑重音、停连、节奏、语气和感情基调，可以配乐。

（说明：结合第一单元导语提及的阅读技巧。建议参考《教师教学用书》中《朗读的进阶技巧》一文，在第一单元就进行五个阅读技巧的指导，因为学生在小学已经熟悉了常见的阅读技巧，进行阅读策划方案的设计。）

（3）结束语：在这篇文章里，我读到了（　　　）幅画面，他们是（　　　）图、（　　　）图、（　　　）图，我感受到作者对春有着（　　　）的感情。

（五）学习评价

根据课上学习心得以及听读他人的阅读视频，修改阅读策划方案，再次阅读两篇课文，制作成视频，并比较两版阅读策划方案和阅读视频的差异。

核心任务二：总结课文写景抒情的方法规律，归纳把阅读经验转化为写作方法的启示。

（一）学习任务

1. 写作顺序，有何不同：梳理课文描绘景色的顺序，通过比较分析，总结写景顺序和表达情感之间的关系。

2. 层次构图，修辞绘景：分析画面内部层次，分析画面描写方法，结合作者情感分析层次安排和描写方法的表达效果。

3. 歌以咏景，文我共鸣：把课文改编为歌曲，在情感上与作者共鸣。

（二）课时安排：2课时

（三）学习资源

朱自清《春》，老舍《济南的冬天》，《古代诗歌四首》。

（四）完成任务

1. 比较分析《春》和《济南的冬天》，完成"学习任务一"。

学习任务一：绘景顺序，各有不同

《春》依次描写了"春草报春图""春花争春图""春风抚春图""春雨润春图"四幅画面，采用的（　　　）顺序，作者如此安排的原因是_____。

《济南的冬天》依次描写了"小城酣眠图""小山秀雪图""远山卧雪图""水天一色图"三幅画面，采用的是（　　　）顺序，作者如此安排的原因是_____。

2. 阅读《春》和《济南的冬天》，完成"学习任务二"。

学习任务二：层次构图，修辞绘景

教师指导学生完成		
老师指定画面	春花争春图《春》第四段	小山秀雪图《济南的冬天》第四段
画面内部层次概括，及效果分析		
比喻拟人修辞使用，及效果分析（举两例分析即可）		
学生自主课后完成		
学生自选画面	（　　）图《春》第　　段	（　　）图《济南的冬天》第　　段
画面内部层次概括，及效果分析		
比喻拟人修辞使用，及效果分析（举两例分析即可）		

（五）学习评价

自主学习《古代诗歌四首》的微课，充分理解诗歌的诗意和情感，然后从中挑选一首你最喜欢的诗，将其扩写成散文。

注意：

1. 涉及景物画面的部分，请注意用合理的写作顺序、恰当的修辞方法来扩展描写，而不是简单的翻译，字里行间要蕴含情感。

2. 四首诗歌主要的画面如下：

（1）《观沧海》：水何澹澹，山岛竦峙。 树木丛生，百草丰茂。秋风萧瑟，洪波涌起。 日月之行，若出其中；星汉灿烂，若出其里。

（2）《闻王昌龄左迁龙标遥有此寄》：杨花落尽子规啼。

（3）《次北固山下》：潮平两岸阔，风正一帆悬。 海日生残夜，江春入旧年。

（4）《天净沙·秋思》：枯藤老树昏鸦,小桥流水人家,古道西风瘦马。夕阳西下,断肠人在天涯。

3. 扩展描写示例

枯藤老树昏鸦：枯干的树藤无精打采地盘绕在老树之上，黄昏下，几只乌鸦在瑟瑟的秋风之中发出凄切而空远的哀号。

4. 简单翻译示例

枯藤老树昏鸦：枯藤缠绕的老树的枝干上栖息着黄昏归巢的乌鸦。

核心任务三：归纳"写景抒情"散文的阅读规律，总结"写景抒情"散文的写作方法。

（一）学习任务

略读课文《雨的四季》,然后将此文和《春》《济南的冬天》比较,打通单元课文,从景物选择、写作顺序、修辞方法、感情抒发四方面总结写景抒情散文的阅读经验规律；把阅读经验转化为写作方法，归纳写景抒情散文的写作方法。

（二）课时安排：2课时

（三）学习资源

朱自清《春》、老舍《济南的冬天》、刘湛秋《雨的四季》

（四）完成任务

（1）通读《雨的四季》,结合上一课段的所学方法与思路,完成"学习任务三"。

学习任务三：横向比读课文，归纳读写共性

	课文阅读经验总结	写作构思能力迁移
描写对象如何选择	1.《雨的四季》在景物选取上和《春》《济南的冬天》有何不同？ 2.《雨的四季》和《春》《济南的冬天》在选取景物方面有哪些共同点？	1. 我想写西宁四季，还是某一季节？如果是某一个季节，我想写（　　）季。 2. 为了突出这个季节的特点，我想选取的景物是什么？为什么？

	课文阅读经验总结	写作构思能力迁移
描写顺序如何安排	1.《雨的四季》《春》《济南的冬天》的写作顺序可以分为几类？ 2. 作者如此安排写作顺序的原因是什么？	1. 我打算按照什么顺序来写作？ 2. 我为什么要采用这样的写作顺序？
描写方法如何运用	1.《雨的四季》和《春》《济南的冬天》共同使用的修辞方法有哪些？ 2. 这些修辞的使用有怎样的表达效果？	1. 我想用哪些修辞方法增强表达效果？ 2. 我想用这些方法来达到怎样的表达效果？
作者情感如何抒发	1. 三篇课文结尾的感情抒发，哪些是直抒胸臆的，哪些是委婉含蓄的？ 2. 这两种方式各有哪些优点？	1. 在文章结尾，我想用什么方式抒发感情？ 2. 我为什么选择这种抒情方式？

（2）小组交流：小组成员互相传看和讨论彼此的学习任务单，总结并整合一份小组的最终学习任务单提交给老师。

（3）班级交流：小组代表汇报，教师与学生共同整理出写景抒情散文的阅读经验和写作方法。

示例：

	课文阅读经验总结向写作构思能力迁移
描写对象如何选择	1. 用不同的景物体现不同季节（某一季节）的特点； 2. 用相同的景物体现不同季节（某一季节）的特点。
描写顺序如何安排	1. 按照时间先后顺序展开； 2. 按照地点变换顺序展开。
描写方法如何运用	1. 使用比喻、拟人、排比等修辞方法描写景物特点； 2. 调动视觉、听觉、味觉、触觉写出景物特点。
作者情感如何抒发	1. 直接抒情； 2. 间接抒情。

5.学习评价

结合课上小组和班级交流，以及老师的点拨指导，反思并修改完善自己的学习任务单，整理出一份学习笔记。

第三阶段：醉美四季，一枝一叶总关情。

核心任务：围绕自己的生长地西宁，撰写一篇描绘家乡四季之景、抒发自己独特之情的文章。

1. 学习任务

（1）扩展阅读，激发灵感。阅读一组写家乡（西宁）四季的散文，并结合孙绍振的赏析文章，从对象选取、写作顺序、画面描写、思想感情等角度构思自己的作文。

（2）迁移所学，构思提纲。结合你的成长观察经验，借助本单元的读写心得，在抒写家乡（西宁）的片段的进一步启发下，拟写写作提纲。

（3）文章写作，抒写家乡。结合单元所学，拟写写作提纲，进行文章写作。

（4）讨论分享，推荐作品。小组讨论，向班级推荐代表性作品；班级讨论，推选收入班级作文集的作品。

2. 课时安排：2课时

3. 学习资源

（1）拓展阅读

马国福《梨花开遍是归途》、樊娟《邂逅青海湖》、索南《秋的声色》、朱小编《故乡大雪，一切安好》、孙绍振《春天的两种不同的散文美——读朱自清的〈春〉和马国福〈梨花开遍是归途〉》。

（2）第三阶段中整理出的学习笔记。

（3）学生本人积累的写作素材。

4. 完成任务

A. 阅读一组抒写家乡四季的文章：马国福《梨花开遍是归途》、樊娟《邂逅青海湖》、索南《秋的声色》、朱小编《故乡大雪，一切安好》，完成"学习任务四"

学习任务四：扩展阅读，激发灵感

（1）在抒写家乡四季的文章中，我最喜欢《　　　　　》的描写对象选取，因为＿＿＿＿＿＿＿＿＿＿。

我最喜欢《　　　》的写作顺序安排，因为＿＿＿＿＿＿＿＿。

我最欣赏《　　　》的景物画面描写，因为＿＿＿＿＿＿＿＿。

我最欣赏《　　　》抒发的思想情感，因为＿＿＿＿＿＿＿＿。

（2）阅读孙绍振的《春天的两种不同的散文美——读朱自清的＜春＞和马国福〈梨花开遍是归途〉》，对我写景抒情文章的启示有：＿＿＿＿＿＿＿＿＿＿。

B. 结合自己的观察体验、单元课文的学习心得、拓展阅读材料的启发，完成"学习任务五"，请从"抒写'西宁单季'的写作提纲"和"抒写'家乡四季'的写作提纲"中任选一项构思写作提纲。

学习任务五：迁移所学，构思提纲（二选一）

抒写"西宁单季"的写作提纲

所写季节	景物选取与顺序	画面特点概括	重点突出的画面描写以及打算采用的方法	我的感情抒发
	景物1：			
	景物2：			感情为何：如何抒发：
	……			
	景物N：			

抒写"家乡四季"的写作提纲

所写季节	季节顺序与景物选取	画面特点概括	重点突出的画面描写以及打算采用的方法	我的感情抒发
四季	（ ）季：			
	（ ）季：			感情为何：如何抒发：
	（ ）季：			
	（ ）季：			

【项目成果】

一、结合项目学习体验过程，完成成果创作（二选一）

1. 借鉴《春》和《济南的冬天》两文，撰写一篇描绘西宁四季之景、抒发自己独特之情的文章。要求：（1）选择西宁的一个季节，选择该季节的典型景物，安排好写作顺序，借助比喻、拟人等修辞，展现季节景物特色，抒发对家乡西宁的深情。（2）题目自拟，字迹工整，卷面整洁，不少于500字，当堂完成。

2. 借鉴《雨的四季》，撰写一篇描绘家乡四季之景、抒发自己独特之情的文章。要求：（1）选择同一景物的四季变化，安排好写作顺序，借助比喻、拟人等修辞，展现景物的四季变化，抒发对家乡的深情。（2）题目自拟，字迹工整，卷面整洁，500字以上，当堂完成。

写作评价参考量规

等级	描述
一类文	能够通过典型景物的选取、合理写作顺序的安排、多种修辞手法的运用，生动传神地描绘出景物画面，表现季节特点，表达自己的深情。在选材、语言或立意等方面有突出的亮点。
二类文	能够选取恰当的景物，写作顺序清晰，画面描写手法比较丰富，景物特点比较突出，自然地表达自己的感情。
三类文	能够选取比较恰当的景物，安排比较合理的写作顺序，画面描写比较单薄，季节特征不够鲜明，情感抒发不太自然。
四类文	缺乏画面描写，景物描述不能体现季节特征，文章思路混乱，抒发感情生硬，或字数不够，没能完成。

二、优秀成果展示汇报

结合各小组选做实施特色，抽签展示以下成果：

1. 作文合集志愿编辑：汇集集体推选的有代表性的作品，邀请有美术特长的同学协助作画，编撰班级作文集——《家乡四季绘本》。

2. 个人作文视频制作：把自己的作文制作成集朗读、配乐、插图一体的视频文件，呈现你笔下的家乡四季和你对四季西宁的深情。

【项目反思】

完整项目设计实施过程中教师要始终以学生为中心，关注学生过程学习体验，结果分享交流，要着力关注以下内容：1.同学作文互荐时指导学生选择最欣赏同学的一篇作文，从景物选择、写作顺序、画面描写（侧重修辞的运用）、情感抒发等角度，评价其突出亮点，供其他同学学习借鉴；2.作文修改时学生要小组合作，从景物选择、写作顺序、画面描写（侧重修辞的运用）、情感抒发等角度中，重点选择一个角度，大家共同修改作文；3.成果展示评价不必面面俱到，择最突出的方面来交流分享，并记录好学生评价过程。

（岑礼霞　西宁市教育科学研究院）

戏剧天地，尺寸舞台秀风采

九年级下册第五单元活动探究项目化学习教学设计

【项目简介】

戏剧在全套教科书中是第一次出现，与一般文体相比，戏剧的实践性特点非常突出；学生的年龄特点和认知特点，也决定了他们对于戏剧不能只停留在静态的文本欣赏层面，而是要和他们的生活相联系。本设计以统编版教材九年级下册第五单元《活动·探究》为例，以任务为导向，以活动为主体，为学生构建一个综合、立体、开放的语文实践活动平台。整个单元是一个大的活动项目，以"活动任务单"的形式，明确本单元的设计意图以及要完成的任务，进而分解为环环相扣的八项任务活动，对每项任务需要达成的目标、实现的路径，都提示了操作上的要点。任务与任务之间，也非任选其一完成即可，而是互相联系，彼此贯通，既体现层次性，又体现螺旋式上升的要求，要求"了解戏剧文学和影视文学的一些特点，更好地欣赏戏剧和影视"，"丰富对生活的艺术感受，进一步培养文学鉴赏能力"，全面提升学生的核心素养。进行《戏剧天地，尺寸舞台秀风采》PBL项目化学习，通过学科融合、查找资料了解来学习与戏剧相关的基本知识；在本次项目化学习中，孩子们提升搜集处理信息的能力，提升写作能力、表演能力，沟通协调能力，阅读中外优秀剧本选段，在此基础上，自主选择合适的剧本，分配角色，合作排练，尝试戏剧演出，传承祖国优秀的传统文化。

【设计背景】

（一）课标依据

《义务教育语文课程标准》（2022年版）对于综合性学习活动探究学习的要求："自主组织文学活动，在竞赛、演出、讨论等活动过程中，体验合作与成功的喜悦；

能提出学习和生活中感兴趣的问题，共同讨论，选出研究主题，制订简单的研究计划；能从书刊或其他媒体中获取有关资料，讨论分析问题，独立或合作写出简单的研究报告；关心学校、本地区和国内外大事，就共同关注的热点问题，搜集资料，调查访问，相互讨论，能用文字、图表、图画、照片等展示学习成果；掌握查找资料、引用资料的基本方法，分清原始资料与间接资料的主要差别，学会注明所援引资料的出处"。

（二）教材依据

九年级语文下册第五单元是统编版全套教材的第四个"活动探究"单元，在单元设计的理念、意图、思路上，要根据戏剧文学的特点进行设计。戏剧是一种重要的文学体裁，以往的教材编写注重剧本阅读，基本要求是"了解戏剧文学和影视文学的一些特点，更好地欣赏戏剧和影视"，"丰富对生活的艺术感受，进一步培养文学鉴赏能力"。这些教学内容和要求只侧重知识的积累，但从学生的核心素养出发，这样的目标要求不够全面。与一般文体相比，戏剧的实践性特点非常突出。学生的年龄特点和认知特点，也决定了他们对于戏剧不能只停留在静态的文本欣赏层面，而是要和他们的生活相联系。所以，在导言中，统编版教材做出如下提示："阅读中外优秀剧本选段，在此基础上，自主选择合适的剧本，分配角色，合作排练，尝试戏剧演出，给初中留下美好的回忆。"

1.课内融合

九年级下册《屈原》《天下第一楼》《枣儿》《孔乙己》《变色龙》《邹忌讽齐王纳谏》《唐雎不辱使命》；教材中其他篇目《孙权劝学》《石壕吏》《愚公移山》等。

2.学科融合

美术学科：戏剧中舞台美术的特点。

信息技术学科：信息的获取与鉴别；信息的存储与管理；文字表格的简单处理；音视频和动画的简单加工；多媒体信息集成。

（三）现实依据

欣赏一部戏剧不外乎从两个方面进行，一是它的文学特性，二是它的戏剧特性。戏剧也应和一切文学作品一样，有一个深邃而耐人寻味的内涵，有一些令人难忘的人物，有些人沉浸在其中或是发人深省的力量。但是戏剧还有自己独特的魅力，而魅力则在戏剧的特性之中。戏剧性主要是指剧本而言，戏剧的剧本除具有文学性外，还必须为演员提供情节，即戏剧性。

在小说、诗歌、散文、音乐、绘画等各种样式的艺术作品中，也都可能包含有戏剧性。但戏剧性首先是对戏剧这一体裁特性的集中概括。因此，了解戏剧性到底是什么，就成了掌握戏剧艺术特点的中心环节。

"加强语文课程与其他课程的联系"语文课程与其他课程的沟通，书本学习与实践活动的紧密结合"。我们"联系"、"沟通"还是"结合"，立足于语文，围绕语文核心素养。本着将语文综合性学习引导到培养学生语文核心素养的目的，也就是体现"语文味"，让课堂充满语文气息，《戏剧天地，尺寸舞台秀风采》PBL项目确定、内容安排、流程设计等方面始终紧绷"语文"这根弦，在设计中"体现出语文知识的综合运用、听说读写能力的整体发展、语文课程与其他课程的沟通、书本学习与实践活动的紧密结合"，要让学生的语文素养在项目实践的过程中得到提升。

【项目学习目标】

1. 通过阅读剧本和查找资料，了解戏剧的基本知识，如矛盾冲突、台词、舞台说明等，掌握阅读剧本的方法，通过梳理戏剧冲突，理解人物形象，品味戏剧台词。

2. 理解矛盾冲突是戏剧的灵魂，是戏剧表现人物、主题和推动故事情节的关键。能够自主地运用到剧本的欣赏和排练中。

3. 通过演出和评议，感受戏剧表演的审美价值，提升戏剧的鉴赏能力。

【驱动问题】

举办一次班级课本剧展演。

第一阶段

1. 宣布项目开始

2. 成立活动小组

任务	资料查找	材料收集	剧本创作	美术美工	服装道具	策划导演
责任人						

"戏剧大舞台，方寸舞台展风采" PBL 项目化学习分组一览表

分组说明：
1. 将全班同学分成 6 个小组，每组 5—6 人。
2. 学生可根据自己的兴趣特长进行自主选择，并推选出小组负责人。
3. 教师可根据学生能力和项目任务做适当调整。

任务一：有的放矢做准备

"任务一：有的放矢做准备"活动前期准备表

分类	活动任务	设计说明
教师活动	指导学生利用图书室和互联网查阅相关资料、深入音像市场调查、收看戏曲频道或戏剧等节目形式，搜集戏剧的文字、图片、磁带、光盘；初步了解传统戏曲的一般知识（如渊源、流派、行当、角色、脸谱、戏装、动作程式等）	有目的、有任务的课前准备不仅能让学生在活动中获得戏曲的有关知识，同时能安排学生在课前完成材料的积累和后期资料的整理，以便在项目任务完成上达到最好的效果。
学生活动	1. 借助书籍，网络等搜集有关戏剧的基本知识，整理成知识问答题，全班交流，以使同学们能掌握更多的常识。 2. 了解一些著名的戏曲故事和人物，在课堂上介绍给其他同学，扩大学生的语文知识面。 3. 选取精美唱词，做好赏析笔记，并与同学们一起研讨，将综合性学习与语文学科紧密联系在一起。 4. 了解京剧脸谱与行当及人物性格之间的关系，购买绘制脸谱的材料。 5. 深入社会、街道、文化馆及剧团，实地走访，听听当地戏迷谈谈和看戏有关的故事，感受地方戏曲文化的情韵，并写好访问日记；同时上网查找戏迷书写的与戏曲情缘有关的文章，与大家一起分享感受。	

"任务一：有的放矢做准备"活动评价表

组别	对照学生活动 1—5 填写完成情况	组评 50%	师评 50%	得分
第一组				
第二组				
第三组				
第四组				
第五组				
第六组				

评价说明：本项任务旨在调动学生参与活动的积极性，并为后续活动的开展做好相关知识和材料的储备；准备阶段共设有五项学生活动，每项活动 20 分，师生评价占比为 1：1，合计 100 分。

第二阶段

任务二：三位一体学文本

"任务二：三位一体学文本"活动表		
教师教读《屈原》	小组共读《天下第一楼》	个人自读《枣儿》
通过教师指导，引导学生理解人物台词的作用，独白的内涵，理解人物心理和情感，把握人物形象，了解舞台说明及其作用。	学生自己提出问题，大家一起在课堂上进行探讨，比如这篇剧本的人物台词与《屈原》的台词有什么不同点？为什么有这样的不同？戏剧中矛盾冲突可以分为人与环境的冲突、人与人的冲突、人与内心的冲突，这两篇剧本中的矛盾冲突分别属于哪类？	学生总结前两课中学到的戏剧阅读方法，自己来分析鉴赏这部剧中的人物台词、戏剧冲突、人物形象，分析这部剧的社会意义。
其他说明 1. 学生从不同角度解读文章，促进学生从概念和规则向技能转化； 2. 完成技能运用的自主化。		

"任务二：三位一体学文本"学生活动教师评价量表				
组别	教读阶段	共读阶段	自读阶段	学习效果	评价说明
第一组					教师可根据小组学习的态度方法、任务分工、汇报展示、学习效果进行描述性评价，在学习过程中教师及时给出指导意见。
第二组					
第三组					
第四组					
第五组					
第六组					

任务三：聚焦人物明主题

"任务三：聚焦人物明主题"活动表		
教师活动	学生活动	设计说明
1. 教师讲解戏剧中矛盾冲突的含义、作用及形式。指导学生完成三篇课内剧本人物关系的思维导图；并绘制矛盾冲突的表格。 2. 教师可指导学生借助网络，查找课内剧本的相关背景知识。如《屈原》背景是1942年1月，正值抗日战争相持阶段，国民党统治最黑暗的时期。学生就难以理解屈原的人物内心。郭沫若擅长创作历史剧，往往既具有现实主义成分，又充分显示革命浪漫主义特色。他一方面详尽搜集史料，另一方面又不拘泥于史料，在把握历史本质的基础上，能根据艺术规律、剧情发展和创作意图，结合自己的理想，大胆构思剧情。 3. 结合学生自主完成的人物名片，指导小组合作学习，分析剧本中的人物形象。	1. 学生设计思维导图，梳理人物关系。 2. 学生绘制矛盾冲突表格，分析冲突中的人物。（包含冲突的对象、冲突的表现、冲突塑造的人物形象特征、人物与环境的冲突、人物与人物的冲突、人物内心的冲突）。 3. 学生分析人物形象，完成任务名片表格。	帮助学生深刻了解人物形象，把握作者的创作意图。学生了解了郭沫若的创作风格后能对《屈原》的艺术风格有更深刻的了解。而文体知识也对剧本的阅读和思考尤为重要。比如什么是舞台说明，什么是独白，什么是独幕剧等等。能帮助学生了解戏剧这一文体的基本特征，更好地掌握阅读方法。

分析人物形象，撰写人物名片	
姓名	
身份	
人物特点	
经典台词	

"任务三：聚焦人物明主题"小组互评量化表（满分100分）						
组别	评价内容					得分
	人物关系思维导图（20分）	矛盾冲突表格（20分）	人物形象分析（20分）	作品主题归纳（20分）	团队合作，分工明确，集体智慧。（20分）	
第一组						
第二组						
第三组						
第四组						
第五组						
第六组						

任务四：剧本台词共赏析

"任务四：剧本台词共赏析"活动表		
师：戏剧台词往往包含言外之意，请学生找找三篇课文里的潜台词，体会作品的意蕴。		
示例： 罗大头：（爆发地）卢孟买！别跟我这儿摆掌柜的，你那点底别以为我不知道！ 常贵：（急拦）大罗！ 王子西：这是干什么，散了！	表面上是让争吵的罗大头离开，实际上是在警告罗大头：再这样吵下去，福聚德会散伙。	通过示例，能引导学生明白什么是潜台词，关注戏剧台词里的言外之意，以及如何将潜台词表达出来。这也是品味戏剧台词的一种方式，也可以此为示例，让学生为不同角色的台词做批注。
设计说明：此环节的设计是语文综合性学习的重要体现。戏剧语言的特点，让学生领会戏剧台词的文质兼美、意蕴深厚。		

任务五：含英咀华写剧本

学生活动	教师活动指导
1. 学习课本剧的写作方法。	剧本写作方法： 课本剧，是通过把课文中叙事性的文章改编成戏剧形式，让同学们参与表演加深对故事情节、人物性格的理解，是一个很好的情景化教学方式。编写课本剧还是遵循一定的方法，比如，剧本的空间和时间要高度集中；反映现实生活的矛盾要尖锐突出；剧本的语言要表现人物个性。 一是课本剧改编要求：根据剧本的特点进行改写。改写的时候注意保留原意，不能改得面目全非。 二是课本剧必须突出体现剧本的三方面特点： 1. 空间和时间要高度集中。剧本不像小说、散文那样可以不受时间和空间的限制，它要求时间、人物、情节、场景高度集中在舞台范围内。小小的舞台上，几个人的表演就可以代表千军万马，走几圈就可以表现出跨过了万水千山，变换一个场景和人物，就可以说明到了一个全新的地方或相隔多少年之后。相隔千万里，跨越若干年，都可通过幕、场变换集中在舞台上展现。剧本中通常用"幕"和"场"来表示段落和情节。"幕"指情节发展的一个大段落。"一幕"可分为几场，"一场"指一幕中发生空间变换或时间隔开的情节。剧本一般要求篇幅不能太长，人物不能太多，场景也不能过多地转换。初学改编短小的课本剧，最好是写成精短的独幕剧。 2. 反映现实生活的矛盾要尖锐突出。各种文学作品都要表现社会的矛盾冲突，而戏剧则要求在有限的空间和时间里反映的矛盾冲突更加尖锐突出。因为戏剧这种文学形式是为了集中反映现实生活中的矛盾冲突而产生的，所以说，没有矛盾冲突就没有戏剧。又因为剧本受篇幅和演出时间的限制，所以对剧情中反映的现实生活必须凝缩在适合舞台演出的矛盾冲突中。剧本中的矛盾冲突大体分为发生、发展、高潮和结尾四部分。演出时从矛盾发生时就应吸引观众，矛盾冲突发展到最激烈的时候称为高潮，这时的剧情也最吸引观众，最扣人心弦。高潮部分也是编写剧本和舞台演出的"重头戏"，是最"要劲"、最需要下工夫之处。 3. 剧本的语言要表现人物性。剧本的语言包括台词和舞台说明两个方面。 剧本的语言主要是台词。台词，就是剧中人物所说的话，包括对话、独白、旁白。独白是剧中人物独自抒发个人情感和愿望时说的话；旁白是剧中某个角色背着台上其他剧中人从旁侧对观众说的话。剧本主要是通过台词推动情节发展，表现人物性格。因此，台词语言要求能充分地表现人物的性格、身份和思想感情，要通俗自然、简练明确，要口语化，要适合舞台表演。 舞台说明，又叫舞台提示，是剧本语言不可缺少的一部分，是剧本里的一些说明性文字。舞台说明包括剧中人物表剧，事情发生的时间、地点、服装、道具、布景以及人物的表情、动作、上下场等。这些说明对刻画人物性格和推动、展开戏剧情节发展有一定的作用。这部分语言要求写得简练、扼要、明确。这部分内容一般出现在每一幕（场）的开端。结尾和对话中间，一般用括号（方括号或圆括号）括起来。懂得了剧本以上几个特点和要求，再参考学过的剧本课文，就可以试着编写课本剧了。 课本剧的一般格式：题目、人物、时间、地点、道具、背景、幕名、正文组成。
2. 请将课文，改写成一篇课本剧。（剧本创作组）	参考篇目：《孔乙己》《范进中举》《邹忌讽齐王纳谏》《孙权劝学》《石壕吏》《愚公移山》《我的叔叔于勒》《变色龙》等。

项目	评价标准	组评 30%	师评 30%	家长评 40%	得分
矛盾冲突	波澜起伏，冲突明显（20分）				
	有一定波澜和冲突（15分）				
	几乎无起伏、无波澜（5分）				
人物形象	形象鲜活，个性突出（20分）				
	形象较鲜活，有一定个性（15分）				
	形象模糊，个性不突出（5分）				
台词对白	准确合理，文辞优美（20分）				
	较准确合理，文辞较美（15分）				
	不太准确合理，文辞枯燥（5分）				
主题思想	明确，健康向上，契合原著（20分）				
	较明确，健康向上，基本符合原著（15分）				
	不够明确，不够健康向上，不符合原著（5分）				
舞台说明	表述完整，提示准确（20分）				
	表述较完整，提示较准确（15分）				
	表述不完整，提示不够准确（5分）				

"任务五：含英咀华写剧本"评价量表

第三阶段

任务六：尺寸舞台秀风采

"任务六：尺寸舞台秀风采"活动表

要求：戏剧表演组根据剧本创作组自编剧本中选择一个剧本，分别安排导演、演员、剧务，分工准备，合作排练。

学生活动	相关任务
1.上网查阅导演、演员、剧务应该负责的工作以及素养。	
2.成立剧组。同学们说说一个剧组需要哪些成员？各有什么作用？	导演：仔细阅读剧本和相关材料，对表演做出整体设计。协调好同学们的关系，及时解决表演过程出现的问题。演员：背诵台词，熟悉有关的舞台说明，服从导演的指挥。剧务：带领同学们结合实际情况，准备表演时的服装、道具、音乐等其他方面的准备工作。
3 明确分工。确定导演一至两名，演员若干名，剧务两名，负责服装道具的制作和音乐的准备（可以和演员重复）。	负责服装道具的同学要动手能力强，有一点美术技能。负责配乐的同学对音乐有所了解。
4.展开讨论。针对剧本排练商议。	深入理解剧本的主题，并对表演做出整体设计。大家讨论准备表演需要的服装、道具、配乐等。
5.课后排练。在导演的组织和剧务的配合下，演员反复合练，使表演渐趋熟练、流畅，	为正式演出做好准备。

任务七：粉墨登场共表演

项目	具体要求	多元评价			
		学生评价	语文教师	其他任课教师	家长评价
剧本创作	源自课本，主题鲜明（10分）				
	结构完整，情节流畅（10分）				
	编排紧凑，冲突明显（10分）				
表演	性格鲜明，情感投入（10分）				
	形态协调，表演自然（10分）				
	表情丰富，表演自然（10分）				
语言	清晰流畅（10分）				
	符合人物性格（10分）				
服装道具	符合剧情需要及人物性格（5分）				
	音响舞美恰当和谐有创新（5分）				
演出效果	观众产生共鸣，有感染力（10分）				
合计	100分				

表格标题："任务七：粉墨登场共表演"课本剧演出评价表

1. 演出前,要做好准备工作:（1）制作节目单;（2）推举主持人,准备简单的串词;（3）检查舞台设备是否运转正常。

2. 演出时，要集中精力，全情投入，注意互相配合。演出结束，演员应向观众致意。观众应文明观剧，适时给予鼓励。

3. 演出后，参考上表的评选要点，组织一次优秀演员评选活动。每名同学都要提交一份推荐表(每人提名不多于3人)，写明姓名、角色和推荐理由。统计得票数，为得票较多者举办简单的颁奖仪式。

任务八：美美与共示成果（成果收集组将项目实施过程中呈现的思维导图、宣传语、海报、美术作品、课本剧演出在校内或自媒体中进行宣传展示）

第四阶段　项目总结

项目化学习过程性个人评价表（100分）						
	项目	内容	个人自评	小组互评	家长评价	教师评价
项目过程评价	合作精神（30分）	积极参与配合（10分）				
		认真思考策划（10分）				
		完成分工任务（10分）				
	学习与积累（30分）	语言表达与运用能力（10分）				
		信息搜集与整理能力（10分）				
		审美创新与实践能力（10分）				
	创作与表演（40分）	了解戏剧知识（10分）				
		创意写作表达（10分）				
		参与排练演出（10分）				
		传承经典文化（10）				

项目化学习小组得分汇总表						
组别	任务一	任务二	任务三	其他任务加分	总分	备注
第一组						
第二组						
第三组						
第四组						
第五组						
第六组						

【项目反思】

教师：活动·探究单元教学是综合性活动项目化学习的载体，对单元活动教学的探索是每位初中语文教师的挑战和责任。如何因体而教、注重学理传授、资源整合等，都是单元活动教学设计过程中不可忽视的重要内容。戏剧单元属于"文学阅读与写作"学习任务，有着浓厚的思想和情感意蕴，呈现出不同时代和地域的风格特点。如何通过项目化学习，使学生更好地认识戏剧这一体裁的独特艺术表现力，激发学生同情他人、追求正义、坚守良知的情怀是教学中的重要任务。在常见文学体裁中，戏剧在形式上特点鲜明，矛盾冲突、人物形象及语言、舞台性与文学性是解读戏剧的重要突破口，为此我设计了八个任务。如果每个任务都是一道可人美食，只有学生真正动筷品尝，才能体会其中的甘饴。特别是任务七和任务八要求学生进行演出设计和展示，以期学生在活动中真切理解戏剧的特征，体验戏剧语言与人物塑造的特性。演出也为学生提供了展示个性、释放潜能和协作分享的机会。戏剧高潮部分的演出，能使学生聚焦戏剧冲突，对各人物关系有更直观的情感体验，这种演出形式的参与互动，是戏剧学习的高效手段，同时体现了语文学科实践性的特点。

学生：项目化学习方式是一种有效提高学生学习积极性的教学方法。然而，这种活动在具体的操作过程中很容易出现耗时较长等问题，学生容易失控；想给每位同学都安排角色，可因时间原因，可能留有遗憾。"建构主义学习理论"告诉我们，每个个体一出生便开始积极地从自身经验中构建个人意义，即建立他自己对世界的理解。真正有效的教育是建立在学生主动学习的基础上，而不是通过老师传授得到的。教师应为学生提供富有个人意义的学习经验，让学生自己从中建构知识。课本剧的创作和筹备过程能促进学生对语言技能的掌握和听、说、读、写技能的提高。一个课本剧从创作到演出，自始至终以学生为主体，老师只扮演促进者，组织者和指导者的角色。不同程度的学生在戏剧创作和表演中互相学习，取长补短，可促进学生综合素养的提高。

专题教学不易，在教学能力提升的道路上还有很长的路要走。"步步皆始，生生不已"，在教师专业成长和项目化教学的探索过程中，我会继续向小伙伴和前辈们学习，不断审视和突破自我，助益学生语文核心素养的提升。

（黄颖　青海省西宁市第十二中学）

魅力家乡，饱览身边的文化遗产

八年级《说明事物要抓住特征》《说明的顺序》 项目化学习教学设计

【项目简介】

此项目以"魅力家乡"推介会为主题设计，将学习和生活有机结合，学生通过参与完成"魅力家乡"推介会任务群，学会"说明事物要抓住特征和说明的顺序"的写作知识并进行写作实践。

在项目学习过程中落实口语交际，提高学生的知识运用能力、信息搜集与整合能力、口头表达沟通能力、团队合作能力、审美能力、动手实践能力、创新能力，同时激发学生对家乡文化遗产的了解和深入挖掘、推广文化的热情，培养学生爱国、爱家的情怀，提升民族自信心和自豪感。

整个项目学习预计三个阶段完成，与生活紧密联系，营造真实情境。项目总体构想老师预设，全班同学进行交流、讨论、完善，最大限度的体现学生的主体地位，引导学生在实践中学知识、用知识，提升学生的综合能力，最终展示"魅力家乡"推介会的成果。

【项目时长】

两周

【设计背景】

一、课标依据

《义务教育语文课程标准（2022年版）》总目标要求，立足学生核心素养发展。从阅读与鉴赏、表达与交流、梳理与探究等语言实践活动为主，围绕核心知识，以生活为基础，以语文实践活动为线索，以学习主题为引领，以任务群为载体，面向全体学生，引导学生学会文体知识，逐步增强语言表达的准确性、规范性。落实核心知识点的同时培养学生。突出基础性、拓展性，培养学生文化自信、语言运用、思维能力、审美创造核心素养。

在学段目标中强调，多角度观察生活，发现生活的丰富多彩，写简单的说明性文章，能抓住事物的特征，做到条理明白清楚。注重写作过程中收集材料、构思立意、大纲起草、修改加工等环节，能与他人交流写作心得，互相评改分享作文，沟通见解，提高独立写作的能力。

二、教材依据

"说明事物要抓住特征""说明的顺序"分别是八年级上册第五单元和八年级下册第二单元的写作任务。两个单元内容以说明文为主，侧重说明对象的特征、理清文章的说明顺序的学习和实践。

两个单元文章，有介绍中国建筑、园林、绘画艺术和介绍小动物的事物说明文，还有阐释事理的说明文，涉及物候学、地质学、生态学等领域。文章不但能让学生感受前人非凡的智慧与杰出的创造力，也引导学生去接触大自然，激发科学探索的兴趣，体现求真、严谨的科学精神。文章中抓住说明对象的特征，多种说明顺序的运用，富于表现力的语言以及作者寄寓的情思，都为单元写作——说明事物要抓住特征、说明的顺序，做了最成功的铺垫。

三、现实依据

说明是常见的也是常用的表达方式之一。说明文同人们的生产、工作和生活有着密切的关系，是文学作品无法替代的。学生说明的能力强，在社会生活的各个领域中将会发挥重要的作用。学好说明文，树立明确的目标，今后能更好的服务于社会。本项目的学习实践、运用说明文的知识来推介家乡文化遗产不但能让学生在真实情境中学会知识，能在实际生活中运用知识，也能让学生在项目实施过程中体会到成就感、激发爱国爱家乡的情怀。

【项目学习目标】

1. 总结"说明事物要抓住特征"和"说明的顺序"单元知识，培养梳理归纳、提炼整合知识的能力。

2. 通过撰写遗产概述和魅力家乡推荐文案，激发学生对家乡文化遗产的了解和深入挖掘、推广的热情。培养学生爱国、爱家乡的情怀，提升民族自信心和自豪感。

3.小组合作制作手工书、纪念品，提高学生合作学习能力、审美创造能力和创新精神。

【驱动问题】

如何成功举办"魅力家乡"推介会。

【项目实施】

青海是个美丽神奇的地方，更是我们可爱的家乡，可爱的家乡应该让更多的人了解和喜爱。

家乡的一山一水、一草一木、文化遗产，都承载着丰厚的历史印记和文化内涵。它离我们很近，汩汩流淌在我们的血液中，时时出现在我们生活中；又好像离我们很远，隔着千百年的时空，只有小小的标签告诉我们它是谁，它经历过什么，又如何来到我们面前？这位"最熟悉的陌生人"，将撕开我们生活的一角，照见过去，照亮前路。而我们"魅力家乡"推介会准备出发，前往这个诗意的世界。

第一阶段

任务一：成立项目小组

（一）"魅力家乡"推介会展示组

小组名称	任务分工	组长	小组成员
超越小组	推介文案、PPT、道具服装等	组长	组员1、2、3、4、5
合作快车小组	推介文案、PPT、道具服装等	组长	组员1、2、3、4、5
梦之翼小组	推介文案、PPT、道具服装等	组长	组员1、2、3、4、5
能量魔法小组	推介文案、PPT、道具服装等	组长	组员1、2、3、4、5
智慧动力小组	推介文案、PPT、道具服装等	组长	组员1、2、3、4、5
未来之星小组	推介文案、PPT、道具服装等	组长	组员1、2、3、4、5
勇往直前小组	推介文案、PPT、道具服装等	组长	组员1、2、3、4、5
雏鹰小组	推介文案、PPT、道具服装等	组长	组员1、2、3、4、5
凯旋梦之队	推介文案、PPT、道具服装等	组长	组员1、2、3、4、5
指南针小组	推介文案、PPT、道具服装等	组长	组员1、2、3、4、5
阳光先锋小组	推介文案、PPT、道具服装等	组长	组员1、2、3、4、5
希望之光小组	推介文案、PPT、道具服装等	组长	组员1、2、3、4、5

第二阶段

任务二：整合提炼

根据说明文单元学习，整合提炼"说明事物要抓住事物的特征，能按条理清晰的说明顺序介绍事物"的方法。

（一）世间万物都各有各的特征，要把一个或一类事物说清楚，首先要抓住其特征。回顾文章《蝉》，看看作者写蝉的卵，分别抓住了什么特征来写？

蝉的卵（特征）	1.
	2.
	3.

（二）小组合作，利用课本、网络查找"说明事物要抓住特征"的方法，以八年级上册第五单元文章为例，并分析运用方法的作用，完成下表。

方法	举例	作用
善于观察和比较突出事物独特之处		
注意一类事物的共同点		
恰当引用资料		
运用恰当的说明方法		

（三）小组合作，利用书籍、网络查阅资料了解"说明顺序"知识并填表。

说明顺序	概念、用法	标志性词语

（四）根据八年级下册第二单元学习，归纳总结每课学习到的说明顺序。

文 本	说明顺序	举例
《大自然的语言》		
《阿西莫夫短文两篇》		
《大雁归来》		
《时间的脚印》		

任务三：调查撰写

通过书籍、网络搜索、了解青海地区文化遗产，形成调查报告，完成200字的遗产概述。以组为单位交流讨论，确定推介的内容，查找并深挖历史、艺术特色等内容，根据所选的推介内容，运用上述说明文写作的方法撰写600字的"魅力家乡"推介文案。根据"写作评价量表"由小组互评、老师评改，定稿后做好推介展示准备。

小组合作调查家乡的文化遗产，根据"文化遗产调查信息表（示例）"完成调查信息的填写，撰写 200 字的遗产概述，并评估推荐指数。

（一）文化遗产调查信息表（示例）

遗产名称	泰山
遗产类别	自然与文化双重遗产
所在地	山东泰安
遗产概述	泰山，世界文化遗产和世界自然遗产，世界地质公园，中国 5A 级旅游景区，是中外闻名的游览胜地。主峰玉皇顶海拔 1532.7 米，气势雄伟磅礴。 　　自古以来，中国人崇拜泰山，有"泰山安，四海皆安"的说法。在汉族传统文化中，泰山一直有"五岳独尊"的美誉。自秦始皇封禅泰山后，历朝历代帝王不断在泰山封禅和祭祀，并且在泰山上下建庙塑神，刻石题字。古代的文人雅士更对泰山景仰备至，前来游览，作诗记文。泰山宏大的山体上留下了 20 余处古建筑群，2200 余处碑碣石刻。这些石刻大都文辞优美，书体高雅，制作精巧。泰山现存有石刻 1696 处，分为摩崖石刻和碑刻，既是记载泰山历史的重要资料，又是泰山风景中精彩的去处。 　　泰山风景以壮丽著称。重叠的山势，厚重的形体，苍松巨石的烘托，云烟的变化，使它在雄浑中兼有明丽，静穆中透着神奇。
推荐指数	□★　　　□★★　　☑★★★
填表说明	遗产类别：名胜古迹、民间技艺、艺术形式、民俗活动、节庆礼仪。 遗产概述：200 字，第一段：遗产地位，第二段：历史背景、特点，第三段：总结。 推荐指数：在"★"号前"□"内打"√"，最高三星。

（二）各展示小组，运用说明文写作知识，抓住说明对象的特征和说明的顺序扩写简介，拟写 600 字的推介文案。

序号	推介内容	事物特征	说明顺序	推介文案
1				
2				
3				
...				

（三）小组互评、教师评改，完成推介文案的修改和定稿。

文案原稿	优点	不足	修改稿	互评得分	师评得分
提示：互评、师评得分参考写作评价量规进行打分					

写作评价量表
（把握抓住说明对象的特征和说明顺序的核心知识）

评价项目	评价内容	评价等级及赋分				得分
		优	良	中	差	
卷面与字数（10分）	1. 书写规范、字体工整、卷面整洁 2. 标点正确、字数达标	10	8-6	5-3	2-1	
说明对象及特点（10分）	1. 说明对象明确 2. 特点突出	10	8-6	5-3	2-1	
说明方法的使用（10分）	1. 使用恰当的说明方法 2. 突出说明对象的特征	10	8-6	5-3	2-1	
说明的语言（10分）	1. 说明性语言的准确性 2. 生动说明和平实说明有机结合	10	8-6	5-3	2-1	
说明的顺序（10分）	1. 会正确使用标志性词语，使介绍更清楚 2. 能分清主次、综合归纳，合理安排说明顺序	10	8-6	5-3	2-1	
总分（50分）						

（四）各小组根据总体安排，准备具有本组特色的展示。

小组名称	展示内容	展示形式	展示剪影

（五）各任务小组合作，集结活动成果制作"魅力家乡"手工书、纪念品。

成果形式	手工书、封面图片	纪念品图片

任务四：展示规划

合作策划"魅力家乡"推介会流程、展示项目、展示形式、主题音乐等。设计发布邀请函、设计布置展位、展台等，发动全班力量，合理安排时间和场地，分组开展工作，确保项目进度。

（一）合作策划"魅力家乡"推介会流程、PPT、活动主持词、展示项目、展示形式、主题音乐等。

策划书

（二）设计发布邀请函、邀请函文案，设计布置展位、展台等。

邀请函设计稿	邀请函文案	展台设计稿	展位设计稿

第三阶段

任务五：展示成果

主办"魅力家乡"推介会，邀请学校教师，学生家长若干参加展示活动。通过手工作品展示、民歌演唱、文化遗产宣讲、PPT、小视频展示、美术作品展、手工书、手绘地图、纪念品发售等各种形式，展现项目成果。

（一）开展"魅力家乡"推介会活动

推介内容	推介剪影	推介效果	我的收获
...			

（二）项目学习过程评价

	评价内容	评价标准	自评	组评	师评	家长评
项目学习过程评价表	团队协作能力	积极主动配合，工作热情，任劳任怨，努力克服困难，有效完成自己承担的任务。（10分）				
		虚心接受队友的意见和建议，能换位思考，为他人着想。（10分）				
		富有创新精神，能提出有效建议，为团队工作贡献力量。（10分）				
	文案写作能力	自评、组评、师评得分参考"文案写作评价量规"得分，家长不做评价。（50分）				
	推介展示能力	展示内容有代表性、异彩纷呈。（5分）				
		展示形式多样、运用音乐、背景、PPT等媒介。（5分）				
		视听效果、服装、道具等展示效果好。（5分）				
		邀请函设计、手工书、纪念品精美有创意。（5分）				
合　计						
总平均分						

提示：最终得分为三项分合计的平均分。80分以上为优秀，70分以上为良，60分以下为不合格。根据最后得分取前三名评出：项目冠军、亚军、季军；根据单项得分，取最高分评出：最佳合作、最佳文案、最佳展示奖。

【项目反思】

本次"魅力家乡"推介会围绕八年级上册第五单元和八年级下册第二单元的写作任务："说明事物要抓住特征""说明的顺序"两个写作任务展开，项目侧重把握说明对象的特征、理清文章的说明顺序的学习和实践。

希望通过此学习项目的落实，让学生真正体会到学习过程的乐趣和成就感。打破固有的语文学习模式，将知识融入真实情境，融合多学科，用自己的实践过程丰盈语文的知识学习，建立大语文模型。在过程中学会"说明事物要抓住特征"、"说明的顺序"的写作知识，内化知识为能力完成写作实践。本项目还能带给学生对家乡的深入了解，播撒爱家乡的种子，相信这会成为学生难忘的一课。

根据项目实施过程的设置：整合提炼知识点、方法；调查了解青海地区的文化遗产，形成调查报告；整体规划、合作策划"魅力家乡"推介会；展示成果举办"魅力家乡"推介会四个环节，三个阶段。

项目融合信息、音乐、美术、地理、历史学科，围绕语文主体知识任务，以举办"魅力家乡"推介会驱动学生在学中做，在实践中运用知识、内化知识、跨学科融合知识解决实际问题。反思整个项目学习过程，任务的进阶、写作的难度都是逐层递进的。学习过程以学生为主体，最大限度的发挥了学生的自主、合作学习的潜能。

（焦俐　西宁市青藏铁路花园学校）

别样人生，平凡之人亦精彩

八年级上册第二单元《学写传记》项目化学习教学设计

【项目简介】

本项目基于《语文》八年级上册第二单元的作文写作实践《学写传记》。结合这一单元的四篇文章，创设制定学写传记的情景，为《学写传记》中的人物写传记这个本质问题重构单元，用图表梳理这一关键方法阅读课文，用"如何学写传记"这一驱动问题引发学生的探究性实践。本项目在设计这一单元时，充分考虑学生听、说、读、写的整合发展，做到读中会写，写中会读，读写有机地结合。通过旁批、点评、鉴赏等方法，归纳出传记的特点，引导学生根据自己要记述的对象设计适宜的写作方式，记述人物的言行，展现人物的精神风貌，完成传记的写作，同时积累阅读传记文章的方法，为今后阅读《红星照耀中国》打下坚实的基础。

【项目时长】

两周

【设计背景】

一、课标依据

《义务教育语文课程标准（2022年版）》之课程目标，要求语文课程围绕核心素质，体现课程性质，反映课程理念，确立课程目标。在语文学习过程中，感受语言文字的美，感悟作品的思想内涵和艺术价值，能结合自己的经验，理解欣赏和初步评价语言文字作品，丰富自己的情感体验和精神。对课文的内容和表达有自己的心得，能提出自己的看法，并能与他人合作，共同探讨分析解决疑难问题。讲述见闻，内容具体，语言深刻。讨论问题能积极发表自己的看法，有中心，有根据，有条理。写作时考虑不同的目的和对象，表达意图明确，内容具体充实。注重写作过程中收集素材、构思立意、列纲起草、修改加工等环节，提高独立写作的能力。根据表达的需要，借助语感和文学常识修改自己的作文，做到文从字顺。

二、教材依据

《学写传记》是语文教材八年级上册第二单元的写作实践内容，单元整体设计写作的核心任务是"学写传记"。本单元的文章以记人为主，内容真实，事件典型，注重细节描写，阅读课的讲授为归纳写传记这一驱动任务提供了依据。"学写传记"和本单元的课文阅读对应性很强，学生通过阅读学习本单元的四篇文章，了解作品的共性，归纳传记的特点，从中获得经验和方法，提升对作品写法的感受力，增强思考和领悟能力，充分领略传记的真实性、典型性、文学性的写作技巧，并在此基础上完成传记写作的驱动任务。

三、现实依据

语文教材八年级上册第二单元的教学重点任务之一，要求教师关注文体意识，引导学生梳理回忆性散文、传记的基本特点。学生有了阅读中的真切体验，就可以探索传记写作的规律。在学生已有的学习经历中，有过相关的写作实践，七年级下册第三单元的写作实践主题是《抓住细节》，这一单元引导学生通过细致观察生活，捕捉生活中的细节，抓住最能反映人物性格特征的细节来刻画人物，表达感情。在此基础上，学生在学习八年级上册第二单元的四篇文章时，能够快速跟文章对应的典型事件中圈点勾画出人物的细节描写，从不同角度体会人物的特点，欣赏人物塑造的方法，领会传记写作的要领和方法，从而收集整合自己所写传主的材料，迁移拓展，完成"学写传记"的驱动目标。

【项目学习目标】

1. 在文本学习的基础上，学生自主总结传记的特点，并能够根据自己要记述的对象设计适宜的写作方式。

2. 通过比较阅读，学会选择典型的事例来表现人物的个性特点，通过记言述行展现人物风貌；在真实的基础上，合理发挥想象，适当描写，增强传记的生动性。

3. 感受平凡人物的人格魅力，关注身边的普通人，认识他人，思考人生，提升人生境界。

【驱动问题】

如何学写人物传记

【项目实施】

第一阶段：熟读精思，梳理文章内容，归纳共性特点

任务一：明确项目要求，成立项目合作小组，做好分工。

教师组织学生成立项目合作小组，八人为一小组，共六组，各组选出组长并给自己小组取名，组长给各小组成员进行分工。

项目合作组别	项目组组长	项目组成员及分工
第1组：梦想组	周敏	
第2组：		
第3组：		
第4组：		
第5组：		
第6组：		

任务二：明确学习范围，制定学习计划，合作学习。

阅读梳理 → 探究归纳 → 资料收集 → 学写传记 → 成果展示 → 项目评价

任务三：熟读精思四篇文章，梳理文章内容，归纳出共性特征。

文体	篇目	人物	典型事例	细节描写	精神品质	共性特征
回忆性散文	《藤野先生》					
	《回忆我的母亲》					
传记	《列夫·托尔斯泰》					
	《美丽的颜色》					

提示：充分调动学生的听、说、读、写能力，梳理整合课文内容。

1. 教师指导学生运用精读、跳读、速读的阅读方法，圈点勾画出四篇文章中的人物及围绕所写人物选取的典型事例，理清文章脉络。

2. 学生利用七年级下册第三单元学过的"抓住细节"的方法快速勾画出四篇文章中典型的细节描写句子，挑选自己喜欢的句子进行朗读，分析其对刻画人物形象所起的作用。

3. 教师指导学生旁批抒情、议论的句子，揣摩其表达效果，体会作者的思想感情。

4. 各项目小组比较阅读四篇文章，讨论归纳回忆性散文和传记的共性特点。其共性特征为：真实地回忆人物的经历，展现人物的个性特征，思想感情与生命意义。都具有内容真实、选材典型、细节突出、详略得当、线索清晰、语言灵活的特点。

第二阶段：研精覃思，归纳传记特点，总结写作技巧

各小组合作，归纳传记文章的阅读规律，把握传记的特点，总结写作技巧，把阅读经验转化为写作方法的启示。

主要环节	知识归纳	归纳方式	所用资源
任务一：明确传记概念	传记：记述人物生平事迹的作品，一般由别人记叙；自述生平的，称为"自传"。	教师利用PPT课件讲清概念。	希沃白板
任务二：归纳传记特点	1. 真实性。 2. 典型性。 3. 生动性。	各小组深入比较，讨论整合。	《邓稼先》《伟大的悲剧》
任务三：总结写法技巧	1. 通过模仿，学写传记。 2. 确定传主，传达情感。 3. 搜集资料，深入了解。 4. 重点归纳，切合实际。 5. 安排合理，材料典型。 6. 适当想象，语言生动。	各小组广泛阅读，横向比较，总结写法技巧，上台展示，互相补充。	1.《读者》 2.《人物》 3.《作文通讯》

提示：
各项目小组组长组织本组成员认真挑选两三篇传记文章，互相传阅，共同探究，归纳总结，并派一名代表上台展示传记特点和写法技巧结果，其他小组补充，形成共同成果。

第三阶段：各显神通，运用写法技巧，书写传记文章

阶段目标：你和家人朝夕相处，但你知道他们的生日、爱好和经历吗？请为你的一位家人写一篇小传。

头脑风暴：写谁，为什么写，写什么，怎样写。

活动一：确定传主，搜集对应资料。

首先根据写作要求确定好传主。然后根据确定的传主，深入去了解所写传主的事迹，尽可能多地了解他的个性特点，周围人与他的关系。最后对搜集的资料进行分类、归纳、总结，去粗取精，找出最能表现人物个性特征，符合其思想个性的重点材料。

活动二：范文引领，激发写作灵感。

选取一两篇优秀的写家人的传记文章在课堂上朗读，让学生通过模仿，来学写小传。

学习资源：1.《作文通讯》初中版2021年2月《父亲与花》。

2.《读者》2022年第9期《兄长》。

活动三：明确中心，填写写作提纲。

学生将收集的资料进行筛选整合，完成写作提纲。

传记写作提纲卡片	
题目	
传主	
主要经历	
结构安排	
细节描写	

提示：

1. 题目要紧扣中心，简短而精炼。
2. 主要经历包括年龄、籍贯、特长爱好、行事风格、典型事件等。
3. 结构安排成总分式或并列式。
4. 细节描写时从外貌、语言、动作、神态、心理等方面挑选出能突出传主性格特征的一种或几种，切忌面面俱到。

活动四：奋笔疾书，完成传记写作。

学生依据写作提纲，发挥想象，加工润色，完成写作任务。

活动五：各抒己见，评价传记初稿。

各项目小组进行自评和互评，然后在组内挑选一篇优秀作文上讲台通过投影仪展示，全班评价并再次修改初稿。教师跟进学生互评，点评并给出修改意见。

项目组别	评价内容					
	内容真实	选材典型	细节突出	详略得当	语言生动	中心突出
第一组						
第二组						
第三组						
第四组						
第五组						
第六组						
修改建议：						

提示：

评价标准：内容真实（✓），选材典型（✓），细节突出（✓），详略得当（✓），语言生动（✓），中心突出（✓）。

内容不真实（×），选材不典型（×），细节不突出（×），详略不得当（×），语言不生动（×），中心不突出（×）。

第四阶段：百花开放，评选优秀作品，展示写作成果

活动一：利用班级钉钉群及微信群展示习作，学生和家长共同在钉钉群或微信群评选出优秀作文，评价标准如下：

项目标准	内容	表达	结构	中心
优秀作文（85-100分）	内容真实，事例典型，细节突出。	修辞手法多样，描写细腻，语句流畅，感情真挚。	详略得当，结构严谨，线索清晰。	中心突出，形象丰满。
良好作文（70-84分）	内容较真实，事例突出，有细节描写。	修辞手法一般，语句通顺，描写生动，感情真实。	详略较得当，结构合理，线索清楚。	中心明确，形象突出。
一般作文（69分以下）	内容不够真实，事例不典型，没有细节描写。	没有修辞手法，描写平淡，语句不太通顺，感情较真实。	详略不得当，结构基本完整，条理较清楚。	中心较明确，形象不太突出。
总分：评价语：				

活动二：以小组为单位，推荐优秀作品参加全班的展示活动，可以运用音频、视频、图片等，形式不限。

活动三：教师将选出的优秀作文汇编成人物传记集《别样人生，平凡之人亦精彩》，全班分享。

活动四：项目评价

（一）学习能力提升评价表

	项目	内容	自评	组评	师评
能力提升评价表	阅读鉴赏（10分）	阅读理解能力			
		归纳概括能力			
	写作实践（10分）	搜集整合能力			
		表达与写作能力			
	感悟收获：				

（二）项目成果展示评价表

组别	展示过程			展示内容			总评
	团队合作（15分）	表达流畅（15分）	信息技术（10分）	真实性（20分）	典型性（20分）	生动性（20分）	
第一组							
第二组							
第三组							
第四组							
第五组							
第六组							
我的收获和启发：							

【项目反思】

本次项目活动的设计基于语文课程标准和学科本质，从培养核心素养出发，设定教学目标时，既有所侧重，又融为一体。在阅读与鉴赏、梳理与探究、写作与实践的过程中，探索了不同类文本背后的思维模式，指向了读写结合的学习成果，从中体验到了主动探索的艰辛，推动了整体性阅读、创新写作的过程。整体提升了学生的核心素养，丰富了学生的生活经验，提升了人生境界，符合教材的人文主题。

本项目活动对第二单元课文进行了梳理、鉴赏、反思和迁移，综合考虑了教材内容和学生实际情况，设计了不同类型的学习任务，依托学习任务整合学习情境、学习内容、学习方法和学习资源，注重语文和写作的结合，关注了不同学习任务群之间的内在联系。

本项目活动的过程中，以学生合作、探究的学习方式为主，充分体现学生在学习中的主体地位，小组成员能够在活动中团结互助，小组长在组内充分发挥了组织和调动的作用。

在学作传记的过程中，获得了更加丰富的课外资料，积累了素材，更大程度地按照自己的思路，充分利用这些资料，有条不紊地完成了人物传记的写作，提高了语言文字的运用能力。学生的资料整合能力、信息技术能力和表达能力也有了很大的突破，突出了集体学习下的个性化学习。

本项目活动设计了能力评价和成果评价，评价形式多元化，学生在多元化评价中体验到了语文学习的快乐，锻炼了实践能力。

（丁秀红　青海省西宁市第一中学）

不负韶华，我是超级演说家

八年级下册第四单元项目化学习教学设计

【项目简介】

　　语文学习强调听、说、读、写，演讲是一种在公开场合把自己意图想法表达出来的"说"，体现出一个人的竞争力和综合素质，是现代社会中公民应具备的基本素养。诚信是中华民族的传统美德之一，也是社会主义核心价值观之一。无论古今，诚信应该成为个人必有的精神品质。为了让学生理解"信"对于个人成长，对于社会和国家发展的重要意义，并以演讲的形式表达自己的观点和感受，本设计以统编版教材八年级下册第四单元活动任务为核心，通过学习演讲词、撰写演讲稿和举办演讲比赛等活动，形成一个带有活动性、综合性和交际性的自主学习体系。在这个项目学习中，阅读是基础，写作是关键，演讲比赛是检验阅读和写作的重要窗口，从而提高学生对演讲的认识。

【项目时长】

两周

【设计背景】

一、课标依据

　　《义务教育语文课程标准（2022年版）》指出：语文课程是一门学习国家通用语言文字运用的综合性、实践性课程。语文课程应引导学生热爱国家通用语言文字，在真实的语言运用情境中，通过积极的语言实践，积累语言经验，体会语言文字的特点和运用规律，培养语言文字运用能力。在语文学习过程中，培养爱国主义、集体主义、社会主义思想道德，逐步形成正确的世界观、人生观、价值观。乐于探索，勤于思考，初步掌握比较、分析、概括、推理等思维方法，辩证地思考问题。注意对象和场合，学习文明得体地交流。耐心专注地倾听，能根据对方的话语、表情、手势等，理解对方的观点和意图。自信、负责地表达自己的观点，做到清楚、连贯、不偏离话题。注意表情和语气，根据需要调整自己的表达内容和方式，不断提高应对能力，增强感染力和说服力。能就适当的话题作即席讲话和有准备的主题演讲，有自己的观点，有一定说服力。关心学校、本地区和国内外大事，就共同关注的热点问题搜集资料，调查访问，相互讨论，能用文字、图标、图画、照片等展示学习成果。

二、教材依据

学生从小起就已经对演讲有所接触，进入初中以来，教材的课后练习、综合性学习中，都有和演讲相关的内容。八年级上册的综合性学习"人无信而不立"，集中安排了围绕"信"的传统内涵和现代意义举办一次小型演讲会的活动，而八年级下册第四单元为活动探究单元，将演讲本身作为学习对象，以演讲的方式学习演讲。其中任务一要求阅读教材提供的四篇演讲词，理解作者的思想观点，把握演讲词的特点；任务二"撰写演讲词"，侧重在学习演讲词的基础上进行写作训练，呈现由读到写、读写结合的学习过程；任务三"举办演讲比赛"，演讲的属性决定了学习演讲不能只停留在阅读、写作上，最终还是要落到口语表达实践，所以学生们不能只停留于"读""写"，还要试着"讲"。只有在"讲"的过程中进一步理解演讲词的特点，才能体会演讲的"感觉"。

三、现实依据

演讲是提高学生表达能力的一项活动，不仅要求演讲者有良好的文字功底和修养，同时也要有良好的口才和表达能力，以及很强的感染力，通过自己的叙述将听众带入自己的世界，同时演讲也是一个人综合素质的体现，好的演讲口才终身受用。

演讲词在传统的中学语文教学文体中并不处于中心位置，而且演讲词思想丰富，写法有个性特点，语言风格多样，所以学生在学习演讲时遇到的困难比较多，更需要得到老师的指导、帮助。困难越大，教师就越要把握指导与讲授的区别，依托教材，精选内容，突出学生的主体性，放手让学生自己去学，重视演讲的口语表达属性，促进学生核心素养的发展。

【项目学习目标】

1. 阅读教材提供的四篇演讲词，理解作者的思想观点，把握演讲词的特点。

2. 了解写作演讲稿的常见技法，运用阅读所得，学习撰写演讲稿。

3. 通过多种方式学习演讲的技巧，进行演讲实践，举办演讲比赛，在"演讲—聆听—评议"的综合实践活动中提高在公开场合的表达能力。

4. 搜集有关"诚信"的名言警句、经典故事等，探究"诚信"的内涵，树立诚信意识。

【驱动问题】

如何围绕"诚信"这一话题，进行一次成功的演讲。

【项目实施】

第一阶段：我是学习智慧星

任务一：成立项目学习小组，制定计划。

"诚信"自古以来就是我们中华民族的传统美德，也是社会主义核心价值观之一。在现代社会，诚信是公民的第二张身份证。作为一名新时代的好少年，更要做到诚实待人，诚信做事。围绕"诚信"这一话题，学会用演讲形式来表达自己的观点和感受，进行一次成功的演讲。

1. 教师组织学生成立项目学习小组。

成立项目学习小组

项目组别（名称）	项目组组长	项目组成员

注意：项目学习小组每组由 4—6 人组成，自拟组名，组内选出一名组长。

2. 制定计划

比较阅读 探究归纳 → 搜集材料 写作实践 → 演讲比赛 展现自我 → 展示成果 学习评价

141

任务二：学习演讲词。

1.教师播放《超级演说家》演讲视频，学生思考：演讲者演讲给谁听？演讲者为什么演讲？

2.比较阅读八年级下册第四单元四篇课文《最后一次讲演》《应有格物致知精神》《我一生的重要抉择》《庆祝奥林匹克运动复兴25周年》，分析四位演讲者是怎样围绕观点来安排思路，组织内容的？组内合作完成"演讲词信息表"。

演讲词信息表

课题	作者	场合	演讲对象（对谁讲）	演讲内容（讲什么）	特点
《最后一次讲演》					
《应有格物致知精神》					
《我一生的重要抉择》					
《庆祝奥林匹克运动复兴25周年》					

探究引导点：

（1）阅读时注意分析、鉴赏。四篇演讲词各有特点，《最后一次讲演》是典型的即兴演讲，作者面对特务在李公朴追悼大会上的破坏举动拍案而起，语言慷慨激昂，情感爱憎分明，极富号召力和感染力。《应有格物致知精神》中作者围绕"格物致知"的含义和当代价值阐述自己的观点，条理清晰，层次分明，体现出严谨求实的风格。《我一生的重要抉择》的显著特点是针对性强，坦诚率真，用语亲切自然，幽默风趣，大大拉近了与听众之间的距离。《庆祝奥林匹克运动复兴25周年》是作者在国际奥委会全体委员大会上的发言，作者在演讲中用庄严、典雅的语言，总结过去，展望未来，谈及奥林匹克运动的历史、奥林匹克精神的本质、人类的世界观与梦想等众多内容，站位高，格局大。

（2）比较阅读这四篇演讲词，不仅要达成对单篇课文的理解，更要由单篇课文扩展到一组课文，通过对比，把握演讲词的特征。

3.总结归纳演讲词的特点，做好记录。

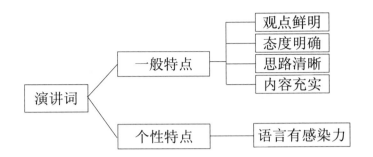

第二阶段：我是写作小达人

任务一：了解演讲词的一般结构，探究演讲稿的写作技巧。

1.教师展示两篇演讲稿范文《我的梦想》《书香，伴我成长》，引导学生明确要围绕演讲的特征撰写演讲稿。

2.通过范文示例，探究演讲稿的写作技巧。

（1）要有针对性，做到"心中有听众"。要充分考虑听众的年龄、身份、文化程度、心理需求等，以此来确定演讲的主题、内容和语言风格，做到有的放矢。

（2）注意写好开头，吸引听众的关注。演讲的开头的方式有很多种：可以从问候或感谢语开始，拉近与听众的距离；可以由演讲的缘起、现场的氛围等引入正题；可以开门见山，直奔主题；还可以提出问题，引发思考。

（3）明确表达观点，把思路展现出来。注意提高自己观点和思路的"辨识度"，除了观点要明确，还要注意用提示性词语、关联词语和过渡性语句来提示自己的思路，将其更直接、更清晰地呈现出来。

（4）精心设计结语，提升演讲的效果。好的结语能有效调动听众的情绪，或将他们的思考引向深入。演讲结尾的技巧：可以重申观点，加强印象；也可以提出号召，鼓舞人心；还可以幽默调侃，逗大家一笑。

（5）着力锤炼语言，增强演讲的感染力。演讲稿的语言可以有不同的风格，或庄重严肃，或活泼轻松，但总体应该尽可能体现口语化、大众化的特点，尽量避免使用听众不熟悉的文言、方言或生僻词语；多用短句，少用结构复杂的长句。

任务二：搜集、整理资料，做好撰写演讲稿的准备工作。

1.项目小组组长对组员进行分工，全组成员认真做好写作材料的搜集、整理工作。

2.引经据典话诚信。按组长分工要求，分别搜集有关"诚信"的名言警句、成语典故、名人轶事及其他经典论述。

3.环顾身边，寻找诚信之人。小组成员访问父母、朋友、老师等，听取他们对诚信的理解，讲述身边的诚信故事。

4.组长汇总整理搜集到的资料，按类别划分为道理类和事例类。

5.分组讨论："诚信"的含义，"诚信"对个人、社会、国家有怎样的意义？

任务三：撰写演讲稿。

1.以"诚信"为话题，项目小组组员每人撰写一篇演讲稿。

写作时注意：

第一，注意说话的对象和场合。

第二，注意把话说清楚。写演讲稿要做到"观点明确，思路清晰，内容充实。"

第三，注意把话说漂亮。要讲究语言表达技巧，在把话说明白清楚的基础上把话说好，说漂亮，说得有吸引力。

2.对照演讲稿质量评价表，进行自评及组评，根据评价结果，自我修改演讲稿。

3.将选出的优秀演讲稿，汇编成演讲稿集《不负韶华，我是超级演说家》。

演讲稿质量评价表

序号	评价内容	自评	组评
1	贴近现实，针对性强。（20分）		
2	思路清晰，观点明确。（20分）		
3	内容充实，言之有物。（20分）		
4	态度诚恳，情感真实。（20分）		
5	用词恰切，贴合内容。（20分）		
	评分总计		

提示：对照此表，分别进行自评及组评。满分100分，根据小组评价结果，分为A、B、C、D四个等级。80分以上（包括80分）为A（优秀），同时被评为"写作小达人"，70分以上（包括70分）为B（良好），60分以上（包括60分）为C（合格），60分以下为D（不合格）。

第三阶段：我是超级演说家

任务一：了解演讲的基本技巧，模拟演讲。

1.搜集演讲视频、音频资料，关注网络或电视上热门的演说类节目，学生借鉴他人的演讲技巧，如语气、语调、重音、节奏的调配，表情的处理，体态语的运用等。

组内合作讨论，教师引导学生明确演讲应该注意以下问题：

第一，表达。

（1）观点鲜明，可适当使用一些表明个人倾向的词语。

（2）重点突出，层次分明，并恰当运用关联词和一些修辞手法，使讲话活泼生动，有逻辑，有气势。

（3）注意与听众的沟通交流，拉近与听众之间的心理距离，营造适宜演讲的氛围。

（4）多使用常用词语，少用或不用术语、生僻词语，使语言富有生气和活力。

（5）适应口头表达需要，多用短句，适当重复。

第二，发音。

（1）吐字清楚，语音准确。

（2）音量合适，以在场听众都能听真切、听明白为宜。

（3）恰当使用重音，强调内容的重点，表达自己的感情。

（4）音调自然，有变化，不拿腔拿调。

第三，体态语。

（1）姿势放松，体态自然，落落大方。

（2）平视前方，可以适时扫视全场，与听众进行目光交流。

（3）从容、自信，随演讲内容恰当调整自己的表情。

（4）根据演讲内容与情感表达的需要，辅以适当的手势，但手势不宜过于夸张、频繁。

2.根据撰写的演讲稿完成模拟演讲，学生录制短视频，可配图、配乐、配文字。

任务二：完成现场演讲比赛，展示成果。

1.小组投票选出最佳视频作品，每组推荐两名组员参加班级演讲比赛。

2.推选主持人，撰写串场词，安排演讲顺序。

3.推选评委，设置必要奖项，制定演讲比赛评价表。

4.班内举办演讲比赛，评委根据演讲比赛评价表，评出相应奖项。

5.利用班级微信群及微博展示成果，其他学生微信群或"微博墙"上留言，谈感想及收获。

演讲比赛评价表

姓名			题目			
评价内容	评价标准		评价维度			
			A	B	C	D
			9-10分	6-8分	4-5分	1-3分
演讲内容（40分）	1.能紧紧围绕主题，观点正确，鲜明。（10分）					
	2.内容充实具体，材料真实、典型，能体现时代精神。（10分）					
	3.思路清晰，结构严谨，引人入胜。（10分）					
	4.文字简练流畅，具有较强的思想性。（10分）					
语言表达（30分）	1.演讲语言规范，吐字清晰，声音洪亮。（10分）					
	2.表达准确、流畅、自然。（10分）					
	3.能熟练表达演讲的内容，语言技巧处理得当，语速恰当，语气、语调、节奏符合思想感情的起伏变化。（10分）					
综合印象（20分）	1.精神饱满，能较好的运用姿态、手势、表情。（10分）					
	2.仪态端庄，注意礼貌，举止自然，落落大方。（10分）					
现场效果（10分）	具有感染力，能较好地与听众感情相融合，营造良好的演讲效果，时间控制在10分钟之内。（10分）					
评分总计						
评委意见：						

提示：满分为100分，演讲每超时1分钟扣2分。按照参赛人数设置一、二、三等奖，其中一等奖占20%，二等奖占30%，三等奖占50%。一等奖获得者被评为"我是超级演说家"。

项目化学习过程评价表

评价内容	评价标准	组评	师评
语言表达 （40分）	听：耐心专注地倾听，能根据对方的话语、表情、手势等，理解对方的观点和意图。 （10分）		
	说：自信、负责地表达自己的观点，做到清楚、连贯、不偏离话题。 （10分）		
	读：能准确、迅速把握所读文字的中心及要点。（10分）		
	写：能有条理地表达自己的观点，能选择恰当的材料证明自己的观点。 （10分）		
合作交流 （40分）	能按项目计划要求完成自己的任务。 （10分）		
	能根据组内分工搜集资料，调查访问，相互讨论。（10分）		
	能以多种方式与他人进行有效沟通。 （10分）		
	能根据别人的意见，调整自己的言行。 （10分）		
成果展示 （20分）	能用文字、视频等展示学习成果。 （10分）		
	能作有准备的主题演讲，有自己的观点，有一定说服力和感染力。 （10分）		
评分总计			
最终得分			

提示：对照此表，分别进行组评及师评，最终取平均分。满分为100分，分为A、B、C、D四个等级。80分以上（包括80分）为A（优秀），70分以上（包括70分）为B（良好），60分以上（包括60分）为C（合格），60分以下为D（不合格）。

【项目反思】

时代在发展，国家在进步。作为新时代的教师，我们也要与时俱进，改变我们的教育方法。语文课应从学生的实际生活出发，创设多样丰富的学习情境，设计富有挑战性的学习任务，激发学生的好奇心、求知欲，促进学生自主、合作、探究学习；引导学生注重积累，勤于思考，勇于实践。在项目化学习的实施过程中，教师的作用发生变化，由单纯讲课变为项目实施的指导者，帮助学生在活动探究的道路上迅速前进，教会学生如何使用学习资源，引导学生如何在实践中发现新知识，掌握新内容。

采取分组学习、信息交流的形式，注重评价主体的多元和互动，以及多种评价方式的综合运用。在整个过程中，学生参与制订评价标准，学生势必要梳理自已学过的内容，这就无形中安排了一次简要的复习。采取自我评价、小组评价、教师评价等多种评价方法交互进行，使每个学生都参与评价过程，将课堂评价变成学生了解学习状况，改善学习方法和提高学习效果的自我教育、自我完善、自我提高的过程。

项目化学习，其中一项就是要培养以学生为中心的教学方法。学生作为学习的主体，通过独立完成项目，把知识和实践有机结合，不仅提高了理论水平和实践技能，同时在教师有目的地引导下，又能促进学生核心素养发展。在项目化学习的过程中，设置了学习演讲词，撰写演讲稿，举办演讲比赛等任务，由读到写再到综合活动，提高了学生的兴趣，调动了学习的积极性。学生从最初的比较阅读，了解演讲稿的特点，到资料的搜集、整理，再到撰写演讲稿，改变了传统写作课的授课形式，在学生们心中播下一粒诚信的种子。录制模拟演讲视频，利用班级微信群及微博展示优秀成果，将信息技术融入课堂教学，使得课堂更加丰富多彩，充分发挥了现代信息技术的作用。整个过程采用了多样化的活动方式，学习过程成为一个人人参与的创造性实践活动，注重的不是最终的结果，而是完成项目的过程。学生在项目实践过程中，基于真实问题，通过小组成员之间的合作和自己的努力，既培养了解决实际问题的能力，又树立诚实守信意识，润生无痕，落实立德树人的根本任务。可以说，项目化学习真正带领我们走向教学相长。

（郭惠　青海省西宁市第七中学）

美妙邂逅，穿越时光的相逢

七年级上册第六单元《发挥联想和想象》
项目化学习教学设计

【项目简介】

本次项目以让学生合理运用联想与想象进行故事创作为目的，开展《故事汇》班刊创办活动。《故事汇》分为五个专栏："老故事，新结局"（续写《皇帝的新装》），"诗歌美，我来仿"（仿写《诗二首》），"搜神话，我来讲"（扩写神话），"读寓言，我来写"（编写寓言故事），"西游续，人物传"（撰写西游人物后传）。项目首先通过专栏小组的任务活动让学生认知联想与想象，并了解联想与想象的写作方法。接着以第六单元的文本为写作基础，学生理清自己的写作思路。最后运用写作方法，进行创作。

【项目时长】

两周

【设计背景】

一、课标依据

《义务教育语文课程标准（2022 年版）》在总目标中明确提出：（让学生）积极观察、感知生活，发展联想和想象，激发创造潜能，丰富语言经验，培养语言直觉，提高语言表现力和创造力，提高形象思维能力。（让学生）能借助不同媒介表达自己的见闻和感受，发现美、表现美和创造美，形成健康的审美观。写作中能根据文章的基本内容和自己的合理想象，进行扩写；能变换文章的文体或表达方式等，进行改写。

二、教材依据

本单元课文有童话、诗歌、神话、寓言等，都富于想象，引人遐思。通过对单元课文的学习让学生了解什么是联想与想象，如何进行联想与想象，联想与想象有怎样的表达效果和文学体验。并通过快速阅读的方法，筛选重要信息，理清写作思路，运用改写、仿写、扩写、编写、续写等不同的创作形式进行联想与想象，让学生从课文中感知文学的魅力、人类的智慧，提升学生的语言运用、思维能力和审美创造的核心素养，从而达到启智增慧的目的。

三、现实依据

本次项目利用单元的教学文本，结合教材上的学生任务，逐层设计学生活动，完成知识点的掌握与运用的同时，培养学生的综合能力。小组的组合、不同的分工、个人的展示等丰富的学生活动，有利于激发学生的学习兴趣，突显学生的个性化学习。完成了单元知识的整合，将阅读教学与写作教学紧密结合在一起，将课内知识外化为课外能力，不仅能减轻学生的学习负担，还能培养学生的语文核心素养。

【项目学习目标】

1. 了解什么是联想与想象，试着去联想与想象，运用方法进行写作，提升学生的语言运用、思维能力和审美创造的核心素养。

2. 快速阅读课文，寻找关键词语，筛选关键信息，复述主要情节，理清写作思路，提升学生的阅读能力、口头表达能力、概括能力。

3. 学会批注、评价与推荐等形式多样的学习方式，提升综合运用能力。

4. 在项目活动中感受多种文学样式的魅力，体会不同的思想与文化内涵。

【驱动问题】

如何创办一期主题班刊——《美妙邂逅，穿越时光的相逢故事汇》。

【项目实施】

第一阶段：项目启动。

我们依据语文教材七年级上册第六单元学习内容，创办一期主题班刊——《故事汇》，要求每位同学参与其中，在老师的指导下，在团队的合作中，给写作插上联想与想象的翅膀，放飞思想，启智增慧。

《故事汇》分为五个专栏："老故事，新结局"（续写《皇帝的新装》），"诗歌美，我来仿"（仿写《诗二首》），"搜神话，我来讲"（扩写神话），"读寓言，我来写"（编写寓言故事），"西游续，人物传"（撰写西游人物后传）。一个专栏各选两个组长，由组长招募组员，完成专栏建设。

任务一：谈思路找灵感，觅知音组团队

活动要求：首先全班进行专栏组长的竞聘，每个专栏选两个组长，五个专栏共选十个组长。然后由每个专栏的两位组长，自行组织专栏组员招募，一个组约十人左右。团队组建后，按照自己的专栏名称填写下表。

专栏名称	示例：老故事，新结局		
组长1	×××	职责：审稿、校对、批注、排版。	审稿要求： 紧扣主题，批注恰当 校对要求： 逐字逐句，标点符号 段落格式，认真校对 排版要求： 内容关联，形式多样 排版美观，制作目录
组长2	×××	职责：审稿、校对、写评价、审插画。	审稿要求： 紧扣主题，评价得当 校对要求： 逐字逐句，标点符号 段落格式，认真校对 插画要求： 文画照应，简单美观 批注意见，排版恰当
组员：撰稿组	××× ××× ……	职责：写稿、交换校对。	写稿要求： 紧扣主题，联想想象 自然合理，故事生动 校对要求： 逐字逐句，标点符号 段落格式，认真校对
组员：绘画组	××× ××× ……	职责：根据写稿内容绘制插画，并选出一篇文章写推荐语。	绘制要求： 读稿绘画，内容关联 简单美观 推荐要求： 语言简洁，特点鲜明

竞聘专栏组长：竞选者阐述对所竞选的专栏写作知识点的理解与看法。（如谈谈对《皇帝的新装》结局续写的建议）

选取专栏组员：撰稿者对写作思路做简要介绍；

绘画者对绘画思路做简要介绍。

竞选要求：1.组织全班进行专栏组长竞选会；

2.组长组织进行专栏组员招募会。

教师指导：此处教师不做过多引导，应鼓励学生有自己理解与体会，感悟与收获。

第二阶段

首先，组织联想与想象的学习活动，让学生初步认知联想与想象；其次，组织学生阅读单元文本，理清自己的写作思路；最后，运用写作技巧与方法，完成五个专栏创作。

任务二：联想自然恰切，想象合情合理

联想与想象的初步认知：1.联想是由一事物想到与之相关的另一事物。想象则是在头脑中创造出未曾有过的新的形象。

2.想象与联想在概念上有区别，但在实际写作中往往又交织在一起。很多时候，联想是想象的启示与源泉，而想象则是联想的深度挖掘与创造。

活动要求：根据提示展开自然的联想与合理的想象，专栏小组合作完成。

远远的街灯 _____ 天上的明星 _____ 天上的街灯 _____ 美丽的街市

（联 想）

纷纷的白雪 _____   _____   _____

（想 象）

_____   _____   _____

教师指导：1.联想要自然恰切。联想到的事物与其触发点之间要有一定的关联。

2.想象要合情合理。想象所展示的未必是现实生活中有的，但一定要符合生活的逻辑。

任务三：借助联想、想象，一起故事接龙

活动要求：专栏小组围坐在一起，由第一个同学写一句话作为故事的开头比如："那一天,发生了一件奇怪的事。"其他同学依次写下去。一圈写不完,可以接着再写,直到写出一个完整的故事。写完后可由一个同学朗读故事,同组的其他同学提出修改建议。最后推选出一个同学,让他根据大家的建议修改故事再次朗读。

（提示：不管前一同学的话多么荒诞离奇,都要想办法使情节发展保持一定的连贯性。充分发挥联想和想象,故事才能精彩。）

教师指导：

1.写故事一定要有头有尾，有典型人物并完整地叙述一件事。

2.故事不能太简单，不能看了开头就能猜出结局。

3.故事情节中设置小悬念，增加波折，结尾能出人意料等等，增加故事的趣味性。

_____专栏组小组合作评价表

评价内容	专栏组自评	其他组评价	教师评价	平均得分	教师评语
联想自然恰切（20分）					
想象合情合理（20分）					
故事有头有尾（20分）					
故事内容丰富（20分）					
故事设置悬念（20分）					
最终得分	注：最终得分为五项评价内容平均得分的总和。				
小组合作评价等级	注：最终得分90分以上（含90分）等级为A；80分以上（含80分）等级为B；70分以上（含70分）等级为C；60分以上（含60分）等级为D；60分以下为不合格。				

任务四：文学常需联想，写作要有想象

活动要求：完成下表。阅读与自己专栏相对应的文本，充分合理地发挥联想与想象，注重故事情节、人物形象、环境描写，理清自己的创作思路，小组内进行复述。

故　事	故事情节	人物形象	环境描写	创作思路
《皇帝的新装》	游行结束后，皇帝回到皇宫……	皇帝的虚荣、虚伪、愚蠢……	金碧辉煌的皇宫、众多衣物的更衣室……	皇帝光着身子回到皇宫，来到自己的更衣室，气急败坏地大喊道："把两个骗子带上来"……两个骗子不慌不忙花言巧语道……皇帝心花怒放……
《天上的街市》				
《女娲造人》				
《蚊子和狮子》				
《西游记》				

教师指导：1.细读文本，找出人物刻画、情节安排、环境描写的关键句，说说运用的写作手法。2.跳读文本，学会找寻关键词句，领会文章主旨。3.略读文本，找寻灵感，理清自己的写作思路。

任务五：美妙邂逅，穿越时光的相逢

活动分工：

撰写组：根据专栏要求进行相应的创作。

绘画组：根据定稿内容绘制插画，并给所选文章写推荐语。

组长：认真审稿，反复校对，进行批注与评价，插画排版。

写作要求：

1.续写：以《皇帝的新装》结局为起点，写出后续故事情节的发展和变化（也可自选其他童话故事）。

2.仿写：首先仿照《天上的街市》创设意象，接着仿照本诗的句式描绘意境（也可自选其他想象诗歌）。

3.扩写：搜集与《女娲造人》类似的神话传说，运用生动的语言扩写神话故事。

4.编写：阅读多篇中外寓言，自选内容与角度，自己编写寓言故事。

5.撰写：选择《西游记》中你最喜欢的一个人物，写一写取经结束后他的归宿。

教师指导：

1.故事的人物通过合理的联想想象要有血有肉，形象丰满，有趣味。

2.故事的情节通过合理的联想想象要更加曲折，细节丰富，更生动。

3.故事的环境通过合理的联想想象要来源现实，自然恰切，很新颖。

4.批注、评价、推荐要简洁合理，有逻辑，抓住创作的思想或文化内涵。

个人创作成果评价表

创作内容	人物鲜明（25分）	情节合理（25分）	角度新颖（25分）	语言生动（25分）	合计（100分）
写稿组员					
	主题突出（25分）	色彩鲜明（25分）	简单明了（25分）	推荐精彩（25分）	合计（100分）
绘画组员					
	校对准确（25分）	排版合理（25分）	批注恰当点评得当（25分）	组织有序（25分）	合计（100分）
审稿组长					
个人成果评价等级					

注：写稿组员、绘画组员、审稿组长按照分工有不同的评价标准，分别由老师进行评价赋分，总分都为100分。90分以上（含90分）等级为A；80分以上（含80分）等级为B；70分以上（含70分）等级为C；60分以上（含60分）等级为D；60分以下为不合格。

第三阶段：成果展示。

五个专栏组长召开组长会议，会议讨论内容：

班刊以何种形式进行展示？

建议：1.可以以手抄报的形式呈现。

2.可以拉来赞助，以印刷品的形式呈现。

3.可以利用软件，做成电子杂志形式。

4.可以自创展示方式。

会议确定一种展示方式，形成完整的《故事汇》成品，全班传阅。

【项目反思】

以前教师在作文教学中往往会先对学生进行写作方法的细致指导，这种方法多多少少会限制学生的写作思维，不自觉地把学生的写作思维控制在一个固有模式里。本次项目化学习，教师按照学生认知由浅层到高层的特点，根据认知、理解、分析、评价、综合、创新的梯度，围绕分层任务螺旋上升式地设计各阶段的学习活动，让学生的学习能力在学习活动的进阶中不断提升。根据语文单元目标，以单元文本为素材，设计项目化写作任务。以各项任务为驱动，组织学生进行合作探究式学习，在生活情境中对写作知识进行迁移、运用、创新，培养学生的高阶思维。

项目的设计过程中，教师总想设计更多的活动，摆出更多写作方法指导的建议，但是不能忽略学生的接受能力。贪多嚼不烂，一个项目应该根据不同的写作内容，根据不同的学情特点，突出一两个写作知识点，让学生在活动中认知、了解并逐渐掌握。让学生在完成任务、解决问题的过程中，提高学生的语文核心素养。通过创办"故事汇"的项目活动，让学生掌握联想与想象的写作方法。通过小组分工合作完成项目任务，让学生对联想与想象进行深入地理解、持久地学习，并将课内的知识外化为课外的能力。后期更应该有相关的训练进行知识的衔接与巩固。

评价表选用了语文教材七年级上册第二单元综合性学习评价表，根据本次项目能力训练评价内容有一些添加，从听、说、读、写、合作五个维度对学生的能力指标进行评价，也许有些学生的某些能力不是很突出，但是评价指标也给出了学生需要努力的方向。

（申玉瑜　青海省西宁市青藏铁路花园学校）

诗意人生，点点诗韵沁我心

九年级上册第一单元《尝试诗歌创作》
项目化学习教学设计

【项目简介】

本次设计以语文教材九年级上册第一单元现代诗歌为例，将毛泽东的《沁园春·雪》、艾青的《我爱这土地》、余光中的《乡愁》、林徽因的《你是人间四月天》、穆旦的《我看》五首诗词按照教材要求设置的"活动探索"单元进行整合，通过知识学习、诗词配画、深情诵读、写作实践等任务积累现代诗歌的学习方法，并将单元诗歌阅读与单元写作渗透在多样化、生活化、趣味化的公众号推介情境中，既可以提升学生的学习兴趣，训练必备的语文能力，也可以避免机械化的重复训练。

【项目时长】

两周

【设计背景】

一、课标依据

《义务教育语文课程标准（2022年版）》在教学建议中明确提出要立足核心素养，彰显教学目标以文化人的育人导向；要体现语文学习任务群特点，整体规划学习内容；要创设真实而富有意义的学习情境，凸显语文学习的实践性。基于这一要求通过单元整体教学并设计项目化学习方案，围绕特定主题，对教材的教学资源进行深入解读、分析、整合和重组，结合学习主体的需求，引导学生对任务群的学习。

《义务教育语文课程标准（2022年版）》对语文诗歌教学作了明确要求："培养鉴赏诗歌的浓厚兴趣，丰富自己的情感世界，养成健康高尚的审美情趣，提高文学修养。"很明显，诗歌教学已经作为体现语文人文特点的有效途径，提高学生的鉴赏能力、朗读能力、尝试写作是诗歌教学的重要任务。因此，在教学中，把新课标的理念有机地融入到课堂里，有利于丰富学生的语文素养，提高学生的综合能力。

二、教材依据

本单元是"活动·探究"单元，在教材活动任务单中设置了三项任务。任务一：自主欣赏。独立阅读教材提供的五首诗作，涵咏品味，把握诗歌意蕴，体会诗歌的艺术魅力。任务二：自由朗诵。学习朗诵技巧，举行朗诵比赛。朗诵时，注意重音、停连、节奏等，把握诗歌的感情基调，读出感情，读出韵律。任务三：尝试创作。选择一个对象，写一首小诗，抒发自己的情感。教师要对任务活动进行设计，在学习任务中解决文本细读的问题，在文本细读中推动诗歌朗诵的任务，既抓住诗歌的特点进行教学，又能够让学生在真实的情境中创写表达，成为一个拥有有趣灵魂的人。在整个项目阶段，要重视过程性评价和资料搜集，鼓励学生读写、抒写和创写。通过先行的项目任务驱动整个单元的诗歌学习，将诗歌知识建构在一定的实践运用中，引导学生在实践探究中掌握并运用所学知识。

三、现实依据

随着网络的发展，自媒体时代的到来，微信、微博和直播等平台的兴起，学生成为网络互动的参与者和接受者，多元文化思想的冲击使学生对此充满了兴趣。根据"活动·探究"单元的特点、文本特质及学生学情，创设校园公众号的真实活动情境，这需要学生合作探究，回顾知识，梳理赏析，设计实践，分享互助，通过驱动任务推动学生正确的人生观、世界观和价值观的形成。

【项目学习目标】

1.品析诗歌，朗诵诗歌，感悟诗人情怀。

2.通过诗配画展开联想和想象，促进思维能力。

3.借鉴优秀诗歌的写法，创作诗歌来浸染心灵，陶冶性情，提升语言运用能力。

【驱动性问题】

如何提高校园公众号"诗歌达人秀"的关注度。

【项目实施】

第一阶段

任务一：精准分配任务，感受合作快乐

（一）宣布项目开始

亲爱的同学们：

校园公众号开启"诗歌达人秀"栏目，请向负责的老师推荐自己的作品，为校园公众号提高关注度助力。绘画诗歌可以身临其境和诗人来一场邂逅，诵读诗歌是一场奔赴诗人心灵的约定，品析诗歌是一次唤醒精神的旅行。我们在读诗中，读出情思；我们从赏诗中，赏出奥妙；我们也许还能写诗，写出心声。

（二）根据特长选择自己擅长的任务

组名		
组长		组员
分工	工作说明	
搜集	利用图书馆、网络等信息渠道搜集相关资料，并整理在"诗歌达人秀"资料卡片上	
筛选	小组成员根据知识进行资料筛选、整合	
文字	根据主题公众号的内容进行修改、润色	
展示	以自创的形式展示公众号的内容和价值	
答辩	参与全班模拟答辩展示	
评选	推荐小组参加班级最后的评优活动	

第二阶段

任务二：理解诗人情思，读懂赤子情怀

（一）结合课下注释，在诗歌中圈点饱含诗人情感的词句，用合适的词语概括诗歌的情感，把握诗歌的感情基调。可以借鉴下面的词语，也可以从课文中选择，也可以自己概括。（参考词语：豪迈、奔放、刚劲、低沉、幽怨、缠绵、忧愁、寂寞、伤感、恬淡、闲适、欢快、激情、坚定、凄婉、坚定、清新……）

诗歌篇目	作者	诗人情感
《沁园春·雪》		
《我爱这土地》		
《乡愁》		
《你是人间四月天》		
《我看》		

（二）诗歌意象通常指在诗歌中作者将要表达的情感寄托在自然景物或者有关联的实物上，通过这些景物或者实物把情感表达出来。选择本单元中自己最喜欢的一首或一组诗完成下表。

诗歌篇目	景、事、物等	独特性（修饰性）	情思意蕴
《沁园春·雪》	冰、雪、长城、大河、山、晴日……	千里、万里、莽莽、滔滔、银蛇、蜡象、妖娆……	江山多娇、豪情激荡、革命自信
《我爱这土地》			
《乡愁》			
《你是人间四月天》			
《我看》			

（三）参考下列诗歌赏析方法，选择其中的几种，来品析喜欢的诗句。

诗句赏析单		
诗句摘抄	赏析方法	我的赏析
例：假如我是一只鸟，我也应该用嘶哑的喉咙歌唱	用意象来表达情感	诗人选择"鸟"的意象，同时也是"诗人"；"连羽毛也腐烂在土地里面"的是"鸟"，表现了诗人为祖国献身的愿望。
例：《你是人间四月天》每节只有三句，却蕴涵着对爱的赞颂。	语言凝练	"雪化后那片鹅黄，你像"，用明丽、鲜嫩的颜色抒发了作者的情感，描写了四月天的美好，寄托了对儿子的深情母爱。
例：《乡愁》在每行诗末缀以一个轻声词"头"。	讲究节奏和韵律	语气委婉，节奏舒缓自然，富有散文之美。

诗歌内容学习评价表

组名：　　　　　　　　　　　完成时间：

评价标准 评价内容	内容完整（10分）	分析有理（10分）	语言表达（10分）	书写美观（10分）
情感分析				
意向分析				
句子赏析				
互评得分				
小组评语				

任务三：寻找灵魂画手，领略诗歌情感

诗歌是生活的再现，诗歌配画可以身临其境借画品诗，填补诗歌形象上的"空白"，鲜艳的色彩成视觉刺激，使你身临其境，为吟诵古诗做铺垫。请在五首诗歌中选择一首自己喜欢的诗歌，并为其配图。设计时一定要画中有诗，诗中有画，画面的色彩和诗歌的内容要协调，意境要符合诗歌的主题。绘画的过程中可以寻求美术老师和有绘画特长的同学帮助。

请你根据下表的提示，给所选的诗歌配画。

诗歌题目 《 》		绘画主题	
呈现事物			
画面简介			

诗歌配画评价表

组名：		完成时间：		
评价标准	设计完整（5分）	布局合理（5分）	色彩协调（5分）	意境搭配（5分）
互评得分				
美术老师评语				

任务四：自主倾情演绎，展示诵读魅力

请你自主选择《沁园春·雪》《我爱这土地》《乡愁》《你是人间四月天》《我看》其中一首诗或一组诗，编制自己的朗诵展示作品，可制作音频、视频、美篇或抖音，在班级群或网络发布、交流，运用信息技术能力解决问题。同学、老师、家长、朋友间多元交流，多重分享。

诗歌朗读评价表

组名：		完成时间：	
诗歌名称	展示方式（音频、视频、微信、抖音等）	语文教师赋分	音乐教师赋分
评价内容	评价标准		
情感表达	深刻理解、传达诗歌的情感，能引起听众的共鸣。 （10分）		
节奏停顿	能正确朗读诗歌；准确恰当把握重音、停连技巧；把握节奏、语气、语调、语速，能表现诗歌内容和情感变化。 （10分）		
动作姿态	能自然得体地朗诵，较好地运用动作、手势、表情，更好地传达诗歌内容和情感。 （10分）		
配乐道具	能借助适当的音乐、视频、服装等辅助手段，更好地表达诗歌内容和情感，帮助听众理解诗歌。 （10分）		
总体得分（取语文、音乐老师平均分）			
音乐教师评语			
语文教师评语			

任务五：书写诗意人生，诗韵沁润心灵

本单元写作要求：尝试创作。扩写、续写、仿写的训练可以作为终极创作的基础。

（可另行附写作稿纸）

	例句	拓展形容词	优化中心词	给句子化点妆	情景交融才最妙
扩写：选择本单元最喜欢的诗歌，进行扩写，100—300字。（可以拓展形容词，优化中心词，情景交融。）	"山重水复疑无路"	"重"：层峦叠嶂的山	"山"：山形、山色、山韵	"层峦叠嶂的山"：青翠可掬的山峦层层叠叠，好似一幅晕染的水墨画，渐远渐隐，逐渐消失在天的尽头，那曲折的溪流似乎也到了尽头。	青翠可掬的山峦层层叠叠，好似一幅晕染的水墨画，渐远渐隐，逐渐消失在天的尽头那曲折的溪流似乎也到了尽头。诗人看着蜿蜒的山径依稀难辨，迷惑、彷徨，不知千何去何从。
续写：发挥联想和想象，要和前文的风格保持一致。	太阳照耀的地方，光明一片；太阳照耀的地方，温暖明媚；太阳照耀的地方…… 展开想象，有太阳的地方会怎样？都可以作为续写的内容。				
仿写：展开想象，有太阳的地方会怎样？都可以作为续写的内容。	要紧紧抓住内容和形式两个方面：内容方面，要注意联系现实生活，表达自己的真情实感；形式上，要模仿原诗的章法和句式等，但又不要过分拘泥于形式。太阳照耀的地方，光明一片；太阳照耀的地方，温暖明媚；太阳照耀的地方……				
创作：以"太阳"为意象，写一首小诗。	可以直抒胸臆，也可以借助具体可感的形象来抒写情志，更多的时候二者是有机地结合在一起的。要注意语言的简洁、凝练。还要注意节奏，现代诗歌虽然形式比较自由，可以押韵，也可以不押韵，但也要注意保持一定的节奏，让人读起来朗朗上口。				

诗歌写作评价表

姓名：	完成时间：		
评价指标	优秀（5分）	良好（3分）	需努力（1分）
能否选择合理意向			
能否清晰表达情感			
语句是否通顺			
结构是否规范			
书写是否美观大方			
互评得分			
教师评语			

第三阶段

任务六：展示学习成果，反思项目得失

（一）全班展示项目成果，为校园公众号"诗歌达人秀"栏目推送素材：1.诗配画作品集；2.诗歌朗诵音频、视频；3.诗歌推荐语；4.诗歌创作作品集。选择代表进行作品推荐，及时回答老师和同学的提问。

（二）根据整个项目的表现，反思项目得失，并填写下表。

姓名：		总分：	
	基础得分（20分）（自评）	分项得分（每项核算）	
任务一			
任务二			
任务三			
任务四			
任务五			
其他评价加分说明：帮助同学或超额完成任务加1分，每20个点赞可加1分。		摘选经典留言或评论	
项目小结			

【项目反思】

教师:现当代诗歌因为各种原因，考试不考，写作不写，学生很难对其有兴趣，再加上升学压力，让他们花费更多的时间去进行现当代诗歌的学习，会激化他们的抵触情绪，此次项目化学习有效地解决了这一问题。今后教学中可以继续采用项目化学习的方式来解决这样的难题，尽可能引入与学生生活比较贴切的话题或者驱动问题解决学生的畏难情绪，把枯燥的知识融入生活体验中去，通过实践提高学生学习的内驱力，让学生把注意力从"分数生活"分散到"艺术生活"中去，从而保持良好的学习情绪。

学生：九年级学生早已接触过现当代诗歌，读懂内容问题不大，但要鉴赏继而进行创作，还是有一定难度的。而这次项目化设计解决了这些问题。整个项目中每位同学既是合作者也是竞争者，为了能使自己的诗歌成为推文焦点，学生尽力利用所习得的诗歌理论知识来进行创作实践，共同的关键词下，组员人人赏诗、人人画诗、人人读诗、人人写诗，互相之间有同题异构的思维碰撞，更充分地感受到不同思维形式与思考角度下，事物所表现的多面性。此项学习经历两周时间，能给学生一个充分的探究时间段，前期的任务分配，中期的组长督查，后期的汇报反思，使得整个组的项目活动更有条理和实效。

（张璐璐　青海省西宁市第十二中学）

关注运动，我是小小新闻人

八年级上册第一单元项目化学习教学设计

【项目简介】

语文教材八年级上册新闻"活动·探究"单元，教材设计了三个学习任务：新闻阅读、新闻采访和新闻写作。本项目化学习依据新课标，围绕单元阅读和写作教学目标，联系当下新冠疫情这一社会热点，确定了"如何通过语文实践活动学习新闻知识"这一驱动问题。围绕驱动问题，本项目化学习分为四个阶段，分别是：我是小小新闻人——新闻知识我学习；我是小小新闻人——运动达人我采访；我是小小新闻人——新闻写作初尝试；成果展示、反思及评价。学生在教师的引导下，学习新闻知识，尝试新闻采访，撰写新闻，编辑新闻小报，在项目化学习的过程中学习知识，提升语文学科素养。

【项目时长】

一周

【设计背景】

一、课标依据

语文课程是一门学习国家通用语言文字的综合性、实践性课程，工具性与人文性的统一是语文课程的基本特点。语文课程应引导学生在真实的语言运用情境中，通过积极的语言实践，积累语言经验，体会语言文字的特点和运用规律，培养语言文字运用能力。语文课程致力于学生核心素养的形成与发展，为学生学好其他课程打下基础；为学生形成正确的世界观、人生观、价值观，形成良好个性和健全人格打下基础；为培养学生求真创新的精神、实践能力和合作交流能力，促进德智体美劳全面发展及学生的终身发展打下基础。

《中共中央国务院关于深化教育改革全面推进素质教育的决定》指出：健康体魄是青少年为祖国和人民服务的基本前提，是中华民族旺盛生命力的体现。学校教育要树立健康第一指导思想，切实加强体育工作。体育与健康课程要激发学生的运动兴趣，养成坚持体育锻炼的习惯，形成勇敢顽强和坚韧不拔的意志品质，促进学生在身体、心理和社会适应能力等方面健康、和谐地发展。

二、教材依据

新闻单元以任务驱动的形式来组织整个单元的课程内容，共设置了三项任务。分别是新闻阅读、新闻采访和新闻写作。这三项任务环环相扣，每一项任务都可以看成是学生在这一单元中要完成的学习目标。

任务一：新闻阅读。五篇课文涉及到消息、特写、通讯等多种新闻体裁，充分体现出新闻反映社会生活的广泛性。前两篇课文学生须掌握消息这一新闻体裁的相关知识，后三篇课文采用比较阅读法，学生们从篇幅、写法、时效性等方面归纳出消息、特写和通讯这几种新闻体裁在结构和语言上的特点，为后面的新闻采访和新闻写作做准备。

任务二：新闻采访。学生们以体育运动为主题，完成新闻选题会的召开、报道题材的确定、采访方案的制定、新闻采访提纲的草拟，新闻采访。

任务三：新闻写作。学生根据自己的写作需求去选择合适的新闻体裁进行写作。拓展任务考虑到不同学生的发展和兴趣，可以自由设计报纸版面，选择与主题匹配的内容。在进行新闻单元项目化学习的时候，学生将新闻文体的学习与日常生活联系，突出语文的实践性特征。

三、现实依据

党的二十大报告指出，学校要全面贯彻党的教育方针，落实立德树人根本任务，培养德智体美劳全面发展的社会主义建设者和接班人。学生是祖国的未来和希望，但当下中小学生的身体素质和健康却面临着严峻的挑战。中小学生体质的下降不仅仅对学生的成长造成不良影响，还直接影响到国民素质的提升。初中的学生都不同程度受到文化课的压力，在这种情况下，运动是释放压力的最好方式。如何吸引学生主动参与到体育运动中来，要进行引导，使学生真正明白体育锻炼的价值所在，充分认识体育锻炼对于人的一生的作用和意义，激发学生自我锻炼的正确动机，激发学生的运动兴趣，提高锻炼的积极性和自觉性。本项目化学习组织学生在学校的体育运动节上采访运动达人，编撰小报进行宣传，目的是树立榜样，学习先进，重视体育，强健体魄。

【项目学习目标】

1. 理解新闻"用事实说话"的基本原则，学习新闻的知识；阅读消息、新闻特写、通讯等不同体裁的新闻作品，了解新闻内容，把握新闻不同体裁的特点。

2. 通过搜集资料、观看视频、采访调查等方式，学习新闻采访的一般方法和步骤，在活动中提高自主学习能力、策划组织能力、沟通能力，培养合作意识和创新精神。资料收集过程中，培养学生信息筛选和提炼的能力。

3. 捕捉新闻线索、抓住新闻热点，学习撰写新闻，并尝试其他新闻体裁的撰写和新闻小报编辑工作，激发学生的运动兴趣，养成坚持体育锻炼的习惯。

【驱动问题】

如何通过语文实践活动学习新闻知识。

【项目实施】

第一阶段

我是小小新闻人——新闻知识我学习

具体环节	教学活动
环节一：情境驱动	1. 教师播放《全红婵女子 10 米台跳水夺冠》视频，出示新闻稿，学生畅谈对新闻的认识。 2. 教师结合教材上的"技巧点拨"，讲解新闻知识。
环节二：了解新闻的要素和结构	1. 教读《消息二则》，学生学习新闻的要素和结构。 2. 自读《首届诺贝尔奖颁发》，学生合作探究新闻的要素和结构。
环节三：比较不同新闻体裁的异同点	比较阅读《"飞天"凌空——跳水姑娘吕伟夺魁记》《一着惊海天——目击我国航母舰载战斗机首架次成功着舰》《国行公祭，为佑世界和平》，学生自主设计表格学习任务单，总结概括不同新闻体裁在标题、结构、语言等方面特点。

第二阶段

情境驱动：学校举办体育运动节，涌现出许多运动达人，需要制作一份小报来宣传他们，我们需要做什么？

我是小小新闻人——运动达人我采访

具体任务	实践活动
任务一：成立项目小组，确立选题	1. 教师组织学生分组，成立项目组，分别召开新闻采访选题会。 2. 确定采访任务分工。 3. 小组合作，学习撰写采访提纲。
任务二：学习优秀案例，修改采访提纲	1. 教师提供两则采访实例，学生学习采访目的、主题、地点、方式、问题设计等内容。 2. 小组合作，完善之前草拟的采访提纲。
任务三：实地采访，过程评价	1. 各小组根据修改后的采访提纲，明确分工，实地采访。 2. 采访过后，小组成员根据表现进行自评和互评。

一、要求

1. 项目小组：教师组织学生分组，成立4—6人项目组，明确组内分工，各有侧重，如采访各比赛项目的冠军，搜集运动会上的感人故事，拍摄新闻照片等。

2. 新闻采访提纲：教师引导学生学习教材上的采访提纲示例。采访提纲没有固定的形式，一般包含

采访的时间、地点、对象、目的、方式等。另外，还要注明采访需要的器材用具。采访提纲的主要内容是预先拟好的采访问题。所提问题要具体、客观，有针对性，问题之间要有一定的逻辑联系。

3. 采访过程中，要尊重采访对象，注意言行得体。例如：不要强求采访对象回答不想回答的问题；拍摄人物照片时，要事先征得对方的同意。

4. 小组合作，完成采访。小组成员根据表现进行自评和互评。

二、新闻采访提纲示例

采访提纲

时间、地点	9月14日下午放学后，本校田径队休息室
采访对象	市中学生运动会初中组男子100米比赛冠军——本校学生刘文
采访目的	了解刘文的成长经历、夺冠心得，以及他对训练与学业关系等的看法
采访方式	当面访谈
采访器材	纸、笔、照相机
采访问题	1. 先跟大家说说你夺冠后的心情。 2. 你什么时候开始练习短跑的？平时每天大概训练多长时间？ 3. 你觉得训练中最艰难的是什么？如何兼顾训练与学业？ 4. 在男子百米项目中，哪位运动员对你的影响最大？（询问原因，请对方具体讲述） 5. 你认为体育训练对你的成长有什么价值？

	评价内容	评价标准	自评	组评	师评
新闻采访表现评价表	信息搜集筛选整合能力	多渠道搜集资料，信息内容真实。 （10分）			
		资料整理规范，分项清晰合理，纪录完整，标明资料的来源。 （10分）			
		根据采访主题，筛选资料，对资料进行提炼和整合。 （10分）			
	口语交际能力	善于沟通，语言文明有礼，态度自然大方，言行得体。 （10分）			
		用普通话交流，语言流畅。 （10分）			
		在交际中认真倾听，尊重对方，不插话，能准确理解交谈内容。 （10分）			
	团队协作能力	积极主动配合，有效完成自己承担的任务。 （10分）			
		工作热情，任劳任怨，努力克服困难。 （10分）			
		虚心接受队友的意见和建议，能换位思考，为他人着想。 （10分）			
		富有创新精神，能提出有效建议，为团队工作贡献力量。 （10分）			
合计					
总分					

提示：最终得分为三个分相加，除以三后的平均分。80分以上为优秀，70分以上为良，60分以下为差。

第三阶段

我是小小新闻人——新闻写作初尝试

具体任务	实践活动
任务一：材料整合，信息筛选。	项目小组成员将自己组在采访过程中的资料进行汇总、筛选。
任务二：新闻写作	1. 项目小组根据要报道的主题，选取适当的新闻体裁，运用新闻知识尝试写作。 2. 将摄影照片和所写的新闻加以编辑，最终完成小报的编排。
任务三：评论与修订	1. 根据评价表，各项目小组互评，对小报的文字和排版等进行评价和建议。 2. 教师引导，提出调整建议，项目小组自行完成调整，形成项目学习成果。

要求：
1. 项目小组每人均要写作。围绕报道的主题，筛选搜集的采访素材，再次学习教材上的"技巧点拨"和任务三知识点拨，运用新闻知识写作。可以选择写消息、新闻特写、人物通讯、事件通讯、背景资料、新闻花絮。写完后，组内同学互相交流，修改完善。

新闻特写	具体描述新闻事件中的某一场景，生动形象地展现新闻现场。
人物通讯	围绕新闻事件中的人物，报道其言行、事迹，展现人物的精神。
事件通讯	相对完整地记述新闻事件，展示其发展过程与社会意义。
背景资料	调查并呈现新闻事件的社会历史背景、深层原因等。

新闻花絮 记录主体事件之外的一些有价值或有趣的小新闻点。

2. 小组合作将摄影作品和所写的新闻加以编辑，最终完成小报的编排。要注意重点突出，语言规范，图文并茂，版面美观。
3. 教师引导，提出修改建议，项目小组根据评价量表，对小报的文字和排版等进行评价并完成修改，形成项目学习成果。

	评价内容	评价标准		自评	组评	师评
新闻小报评价表	新闻写作	客观公正地报道事实。	（10分）			
		新闻结构规范。	（10分）			
		新闻要素齐全。	（10分）			
		语言符合新闻要求，无语病和错别字。	（10分）			
	版面设计	版面布局合理，色彩搭配合理，绘图精美。	（10分）			
		图文并茂，色彩搭配合理，绘图精美。	（10分）			
		版面设计有创意，构思巧妙。	（10分）			
	插图摄影	插图和摄影作品紧扣新闻主题。	（10分）			
		构图和谐，符合一般美学构图规律，给以以视觉享受。	（10分）			
		摄影作品角度独特，画面简洁，层次分明，突出主题。	（10分）			
合计						
总分						

提示：最终得分为三个分相加，除以三后的平均分。80分以上为优秀，70分以上为良，60分以下为差。

第四阶段

1. 成果展示

（1）班级组织新闻小报的展示，邀请体育教师、美术教师、受访者、家长进行评价。各项目小组互评，评选最佳新闻奖、最美编辑奖、最佳摄影奖。

（2）将每一组的新闻小报送到受访者的手上。

（3）遴选优秀的新闻小报制作展板展评，同时在学校微官网、班级微信群上进行宣传。

2. 学习反思

（1）在撰写新闻稿的过程中，新闻知识掌握了吗？

（2）这份新闻小报的亮点和不足各有哪些？

（3）在团队合作过程中的表现如何？今后如何加强团队合作？

（4）这次小报编辑中，口语表达、语言运用、思维能力和写作能力得到提升了吗？

3. 项目评价

项目	评价标准	自评	师评	受访者评
最佳新闻奖	客观公正地报道事实，能够抓住新闻热点，时效性强，新闻价值高。 （25分）			
	新闻结构规范，运用倒金字塔结构，标题重点突出，简洁醒目。 （25分）			
	新闻要素齐全，内容详实。 （25分）			
	语言符合新闻要求，无语病、错别字，无添字、溺字现象，标点符号运用准确。 （25分）			
	合计			
	总分			

提示：最终得分为三个分相加，除以三后的平均分。

项目	评价标准	组评	师评	任课教师评
最佳编辑奖	版面布局合理、美观，内容丰富，标题醒目，新闻主题突出。 （25分）			
	围绕新闻主题准确筛选、提炼、整合素材，呈现的信息具有一定的逻辑性。 （25分）			
	图文并茂，色彩搭配合理，绘图精美。所选的图像素材能有效地表达内容。 （25分）			
	版面设计有创意，构思巧妙。 （25分）			
	合计			
	总分			

提示：最终得分为三个分相加，除以三后的平均分。

项目	评价标准	自评	师评	受访者评
最佳摄影奖	摄影作品紧扣新闻主题。 （25分）			
	构图和谐，符合一般美学构图规律，给人以视觉享受。 （25分）			
	摄影作品色彩处理合理，有较强的感染力。 （25分）			
	摄影作品角度独特，画面简洁，层次分明，突出主题。 （25分）			
	合计			
	总分			

提示：最终得分为三个分相加，除以三扣的平均分。

【项目反思】

《中共中央国务院关于深化教育教学改革全面提高义务教育质量的意见》指出："探索基于学科的课程综合化教学，开展研究型、项目化、合作式学习。"依据《义务教育语文课程标准》（2022年版）以及"双减"政策，为切实减轻学生负担，开展项目化学习。设置驱动问题和项目任务，目的是将教材的学习任务进行整合。项目化学习以项目为载体，整合单元阅读、实践、写作的内容，通过小组合作学习，帮助学生由低阶认知向高阶认知发展。项目化学习实现由封闭课堂向广阔生活的延伸，重视实践活动，学生在持续探究与实践中，通过自主学习、合作探究，提升了语文能力，培养了人文素养，符合统编初中语文教材"双线组元"的课程设计，凸显了语文课程的工具性和人文性。

1. 在真实情境中培养能力

本次项目化学习借助驱动问题设置真实情境，完成了新闻阅读、新闻知识的学习、新闻采访和写作，在学习过程中，赋予了学生学习的自主权。学习始终采用合作、探究的方式，培养学生的沟通和协作能力。任务设置为学生的新闻知识的学习、口语交际与表达、新闻写作、团队合作提供了锻炼与展示平台。任务的驱动，促使学生发现问题，并通过各种途径寻求解决问题的方法。项目化学习改变了以教师为中心、以课堂为中心和以书本为中心的现象，教师起到了学生学习活动的设计者、组织者和引导者的作用。学生由低阶认知向高阶认知发展，让学习的过程充满意义，培养了学生的学习素养。

2. 在多元评价中快乐成长

语文课程评价包括过程性评价和终结性评价。过程性评价重点考察学生在语文学习过程中表现出来的学习态度、参与程度和核心素养的发展水平。本次活动在评价设计上，采用过程评价、表现评价和成果评价几种形式，评价主体、评价内容、评价方式多元化，把学生参与项目化学习的表现纳入评价范畴，着重考察学生在真实情境中表现出的情感态度和语文素养。学生在多元评价中体验到了语文学习的快乐，锻炼了实践能力。这次项目化学习是促进学生知识运用、读写能力和审美能力提升的一次很好的实践。

3. 在跨学科学习中提升素养

在本次项目化学习实践活动中，联结课堂内外、学校内外，拓宽语文学习和运用领域。围绕运动话题，开展阅读、新闻知识学习、采访、口语交际、摄影、信息搜集与整理、写作、小报编辑等活动，在综合运用多学科知识发现问题、分析问题、解决问题的过程中，提高语言文字运用能力。在摄影、绘图和小报编辑过程中，融合了美术学科知识，将美术课程知识与学生生活体验紧密联系，使学生在积极的语文实践活动中，提高语言运用、思维能力和审美能力。

（张晓慧　青海省西宁市第一中学）